5G产业投资：

实 务 与 案 例

郭晓蓓　夏庐生　蒋　亮 / 著

西南财经大学出版社

中国·成都

图书在版编目(CIP)数据

5G 产业投资:实务与案例/郭晓蓓,夏庐生,蒋亮
著.--成都:西南财经大学出版社,2024.11.
ISBN 978-7-5504-6499-5

Ⅰ.F407.63
中国国家版本馆 CIP 数据核字第 20248YS678 号

5G 产业投资:实务与案例
5G CHANYE TOUZI:SHIWU YU ANLI

郭晓蓓　夏庐生　蒋　亮　著

策划编辑:石晓东
责任编辑:石晓东
责任校对:陈何真璐
封面设计:墨创文化
责任印制:朱曼丽

出版发行	西南财经大学出版社(四川省成都市光华村街 55 号)
网　　址	http://cbs.swufe.edu.cn
电子邮件	bookcj@ swufe.edu.cn
邮政编码	610074
电　　话	028-87353785
照　　排	四川胜翔数码印务设计有限公司
印　　刷	郫县犀浦印刷厂
成品尺寸	185 mm×260 mm
印　　张	9.625
字　　数	198 千字
版　　次	2024 年 11 月第 1 版
印　　次	2024 年 11 月第 1 次印刷
书　　号	ISBN 978-7-5504-6499-5
定　　价	48.00 元

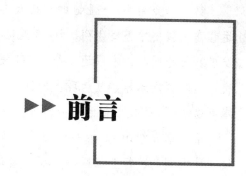

▶▶ 前言

2019 年 6 月 6 日，工业和信息化部发放了 5G 商用牌照，标志着我国正式进入 5G 商用元年。作为我国技术实力的名片和新经济重要基础设施之一，5G 技术将全面应用于智能交通、移动医疗、智慧城市、智慧工业等众多领域，在推动产业升级、提高生产效率、改善人民生活等方面都具有重要意义，成为建设"数字中国"的关键力量。党的二十大报告强调了建设现代化信息基础设施的重要性，包括推进新型工业化，加快建设制造强国、质量强国等，这都将间接关联到 5G 产业的发展。中国信息通信研究院预测，按照产业间的关联关系测算，到 2030 年，5G 产业间接拉动的 GDP 将达到 3.6 万亿元。

5G 技术的普及和应用离不开公众的认知和支持。本书通过通俗易懂的语言和生动的案例，向广大读者普及 5G 技术的基本知识和应用前景，以及对未来社会经济的深远影响，从而增强公众对 5G 技术的了解，帮助投资者准确把握时代脉搏，深刻理解 5G 技术所带来的投资机会与挑战，从而做出明智的投资决策。

本书全面系统地探讨了 5G 特征、发展环境、上下游产业链、国内外发展现状及趋势、投融资情况，在此基础上给出投资建议并提示风险，为投资者和行业从业者提供了宝贵的参考指南。

全书共七章。

第一章明确了 5G 作为第五代移动通信技术的概念，深入剖析了 5G 技术的三大核心特征——高速率、大容量、低时延，强调 5G 作为新一代信息技术的代表，通过赋能传统产业转型升级、催生新兴业态、拓展经济增长新空间，正深刻改变着经济与社会的运行模式和人们的生活方式。

第二章阐述了 5G 产业的发展环境、全球发展趋势，以及对市场变革的深远影响。5G 不仅是一项通信技术革新，更是推动各行业数字化转型的重要基础设施。

国家产业政策利好不断释放,技术水平持续提升,5G 网络建设也不断推进,其覆盖范围不断扩大,服务质量持续提升,为投资者提供了广阔的市场空间。

第三章介绍 5G 产业链的构成及各环节的投资热点。从通信设备制造商、网络运营商到应用服务提供商,5G 产业链上下游企业协同发展,共同推动着 5G 市场的发展。与此同时,本章还介绍了 5G 技术在工业制造、智慧城市、医疗健康、智慧交通、教育娱乐等领域展现出的巨大应用潜力和市场前景。通过具体案例分析,读者可以了解 5G 技术如何赋能传统行业,推动产业升级和商业模式创新。

第四章介绍 5G 产业在国内外的发展现状及未来趋势,涵盖标准制定、网络建设、技术创新、行业应用等方面,展现了 5G 产业在推动数字化转型和智能化升级中的重要作用与广阔前景。

第五章深度剖析 5G 产业的投融资情况。作为新一代信息技术的核心,5G 产业的发展依赖于前沿技术的突破与长期稳定的资金支持。近年来,我国 5G 投融资聚焦初创至成长期的企业,地域上以江苏、北京、广东、上海为主。商业银行通过贷款、债券、基金等形式全面助力 5G 基建与研发。展望未来,5G 技术的成熟与商用加速将吸引更多元化、更大规模的资金,同时需强化跨部门、跨行业合作,共促 5G 技术全球普及与应用。

第六章和第七章提出了相应的投资策略和风险管理建议。针对 5G 投资的特点和风险,投资者应关注政策导向、市场需求、技术趋势等因素,选择具有核心竞争力和成长潜力的企业进行投资。同时,要注意防范技术更新换代、市场竞争加剧、政策法规变化等风险,确保投资安全。

以上七章深入探讨了 5G 投资与实务的各个方面,包括 5G 技术的基本原理、应用场景、投资策略以及风险提示等。通过系统的分析和研究,我们可以得出以下结论,并对未来的发展趋势进行展望。

首先,5G 技术作为新一代通信技术的代表,具有高速率、大容量、低时延等显著优势,将对经济与社会发展产生深远影响。它不仅将推动移动互联网的进一步发展,还将为物联网、智能制造等新兴领域提供强有力的支撑。其次,5G 产业链的完善是推动 5G 技术快速发展的重要因素。从通信设备制造、网络建设到应用服务,各个环节紧密协作,形成了良好的生态系统。这种协同发展不仅促进了技术创新和产业升级,也为投资者提供了丰富的投资机会。再次,在 5G 投资方面,我们看到了多元化的趋势。投资者不仅关注 5G 基础设施的建设,还积极投身于 5G 应用创新、技术研发以及产业链协同等多个领域。这种多元化的投资格局将有助于推动 5G 产业的全面发展。最后,在 5G 投资实务操作中,我们面临诸多挑战,如技术标准的制定、网络安全问题的解决、商业模式的创新等。然而,这些挑战同时也孕育着巨大的机遇。通过不断探索和实践，我们可以找到解决这些问题的方法，并推动5G技术的广泛应用。

然而，5G的旅程远未结束，它只是开启了一扇更加广阔和精彩的数字世界的大门。在5G走深向实的同时，6G也已提上了日程。6G是新一代智能化综合性数字信息基础设施。一般情况下，移动通信技术的发展十年一个代际，5G已经商用5周年，研究下一代移动通信技术顺理成章。相较于5G，6G将超越传统移动通信的范畴，实现通信性能量级提升，如6G在5G基础上全面支持世界数字化，其传输速率比5G提升10~100倍，空口时延缩短到0.1毫秒，是5G技术的1/10，网络端到端时延较5G大幅降低。6G技术将实现空—天—地—海一体化网络全域覆盖，使得全球范围内的通信更加便捷和高效，实现对物理世界的精准模拟和预测，为城市规划、灾害预警、智能制造等领域提供有力支持，从而带来一场深刻而全面的变革。它不仅将重塑我们的通信方式，还将在经济、社会、科技等多个领域产生深远的影响。目前，6G标准化仍处于早期研究阶段，尚未形成全球统一的技术标准。然而，各国和各大企业都在积极推动6G标准化的进程，以期在未来的通信技术竞争中占据有利地位。根据国际标准化组织的初步规划，2025年左右将启动6G标准化研究，计划在2030年前后实现商用。这意味着，在未来几年内，6G技术将经历从研发到标准化的关键阶段。随着技术的不断发展和应用的逐步推广，我们有理由相信，6G技术将为我们创造一个更加智能、便捷、安全、美好的未来。

展望未来，随着5G技术的广泛应用和产业链的不断完善，产业链各环节之间的协作将更加紧密和高效。同时，随着新技术、新模式的不断涌现，产业链也将不断优化升级，形成更加完善的生态系统。未来，在经济全球化背景下，5G技术的国际合作将进一步加强。各国将共同推动5G技术的标准化、研发和应用进程，促进全球数字经济共同发展。我们将看到更多创新性的5G技术和应用解决方案涌现出来，为各行各业提供更加高效、智能和便捷的服务。在投资领域，我们也将看到更多的资金涌入5G产业。投资者将不仅关注传统的基站建设、传输网络升级等领域，还将积极探索5G技术在垂直行业的应用拓展以及跨界融合的新机遇。这将有助于提高5G技术的应用效率和质量，并推动其向更深层次发展。

综上所述，5G技术及投资与实务操作具有巨大的潜力和广阔的发展前景。我们相信，在未来的日子里，5G技术将继续引领通信技术的潮流，并将以其独特的优势和潜力成为推动全球经济转型升级的重要力量，为经济与社会发展带来更多的变革和发展机遇，推动数字经济和实体经济深度融合发展。同时，对于每一位关注5G产业、投身5G产业的投资者和从业者而言，保持敏锐的洞察力、持续的学习能力和创新的思维方式至关重要。

　　5G 产业的上下游产业链涵盖了从芯片设计到终端应用的多个环节，每个环节都汇聚了众多优秀企业，共同推动 5G 技术的快速发展与广泛应用。本书的附录通过对这些企业的介绍，为读者提供了一个全面了解 5G 产业生态的窗口。

　　本书是一本集理论性、实践性于一体的投资指南，适合广大投资者、行业从业者以及相关研究人员阅读参考。通过对本书的学习，读者可以全面了解 5G 技术的投资前景与实践应用，为自己未来的投资决策提供有力支持。

　　本书的撰写，旨在为读者提供一幅全面而深入的 5G 投资与实务画卷，从理论探索到技术实践，从产业布局到投资策略，力求覆盖 5G 发展的方方面面。我们希望通过这些翔实的分析和案例，帮助读者把握 5G 时代的脉搏，抓住投资与创业的宝贵机遇。然而，5G 技术正在快速发展，市场正在不断变化，本书所涵盖的内容只是这一庞大领域中的冰山一角。

　　在撰写本书的过程中，笔者深刻体会到 5G 技术对于经济与社会发展的重要性。它不仅是一种通信技术，还是一种推动社会进步和变革的力量。5G 技术的广泛应用将带来前所未有的机遇和挑战，对于投资者和实务工作者来说，这是一个充满无限可能的新时代。同时，笔者也意识到自己在研究和写作过程中的不足。虽然笔者尽力收集和分析最新的数据与案例，但由于 5G 技术发展快速，一些信息可能在本书出版时已经发生了变化。因此，笔者希望读者在阅读本书时，能够结合最新的市场动态和技术发展趋势，自主进行深入思考和判断。

　　对于未来，笔者充满期待。笔者相信，随着 5G 技术的不断演进和市场的不断拓展，我们将看到更多的创新应用和商业模式涌现出来。同时，笔者也期待看到更多的投资者和实务工作者投身这一领域，共同推动 5G 产业的发展和繁荣。笔者希望本书能够为读者提供一些有价值的思考和启示，帮助他们更好地理解和把握 5G 产业投资与实务的机遇和挑战。同时，笔者也期待看到更多的研究者和实务工作者在这一领域进行深入探索和实践，共同推动 5G 技术的发展和应用。

　　最后，感谢所有在本书撰写过程中给予笔者帮助和支持的人。感谢笔者的家人、朋友和同事的鼓励和支持，让笔者能够专注于这项研究。同时，也要感谢那些为笔者提供数据和案例的企业与机构，它们的贡献使得本书的内容更加丰富和实用。

郭晓蓓

2024 年 10 月

►► 目录

第一章

5G 产业概况

一、5G 的定义与行业特征

（一）5G 的定义

5G 是第五代移动通信技术的简称，它标志着蜂窝移动通信技术迈入了一个全新的纪元。作为对 4G（包括 LTE-A 与 WiMAX）、3G（涵盖 UMTS 与 LTE）以及 2G（如 GSM）技术的自然演进与超越，5G 以其独有的高速率、超低时延与强大连接能力脱颖而出。作为支撑人、机、物全面互联的基石，5G 通信设施正构建起新一代的网络基础设施。

国际电信联盟（ITU）为 5G 设立了八大核心性能指标，其中最为引人注目的是其高速的数据传输能力（用户体验速率可达 1Gbps）、几乎瞬时的通信响应（时延缩短至 1 毫秒以内）以及惊人的连接密度（每平方千米可支持高达百万级别的设备连接）。这些特性共同构成了 5G 技术的性能追求，旨在实现数据速率的飞跃、响应时间延迟的极大降低、能源与成本的双重节省、系统容量的显著扩充以及大规模设备连接的无缝支持。

5G 的关键指标及定义见表 1-1。

表 1-1 5G 的关键指标及定义

指标	定义
用户体验速率	真实网络环境下用户可获得的最低传输速率，支持 0.1~1Gbps 的用户体验速率
连接数密度	单位面积上支持的在线设备总和，100 万/平方千米的连接数密度
端到端时延	数据包从源节点开始传输到被目的节点正确接收的时间，不长于 2 毫秒
移动性	收发双方间的最大相对移动速度在每小时 50CKN 以上
用户峰值速率	单用户可获得的最高传输速率

资料来源：笔者根据《中国 5G 应用创新发展白皮书》整理。

1G~5G 的特性对比见表 1-2。

表 1-2　1G~5G 的特性对比

分类	时间	标志性应用	制式	速率	特点
1G	1980 年	语音通话	AMPS、TACS	2.4Kbps	成本高、体积大、稳定性和保密性差、模拟通信、只提供语音业务
2G	1990 年	短信	GSM、CDMA	>9.6Kbps	数字化、提升容量、稳定性、保密性较好，提供语音、短信等业务
3G	2000 年	上网、社交办公	WCDMA、CDMA2000、TD-SCDMA	>384Kbps	大容量、高质量，较好支持语音、短信和数据，频谱利用率高
4G	2010—2020 年	在线游戏、视频、直播	TD-LTE、FD-LTE	100Kbps	全 IP、速率快、频谱效率高、高 Qos，支持图像、视频等多业务
5G	2020 年以来	VR、物联网、自动驾驶	标准尚在制定中	>1Gbps	高频、大容量、高速率、低时延、广连接，支持 VR/AR、物联网、工业控制等多场景

进一步地，ITU 将 5G 的应用前景划分为三大核心领域：一是增强移动带宽（eMBB）聚焦移动互联网流量的爆炸性增长，致力于为用户提供前所未有的高清视频、沉浸式 VR/AR 体验等极致应用享受；二是超高可靠低时延通信（uRLLC）则瞄准了工业控制、远程医疗、自动驾驶等对实时性与可靠性要求极高的行业，满足其严苛的通信需求；三是机器类通信（mMTC）则聚焦智慧城市、智能家居、环境监测等物联网应用场景，通过广泛的传感与数据采集，推动物联网技术深入发展与广泛应用。

（二）行业特征

1. 战略导向性

2018 年中央经济工作会议明确提出，要加速 5G 技术的商业化应用进程，并强调强化人工智能、工业互联网、物联网等一系列新型基础设施构建。5G 技术这一革命性的科技突破，不仅代表了科技领域的最新成果，还被视为驱动经济增长的关键引擎。目前，我国正处于高质量发展阶段，探索如何摒弃传统增长模式，转而依靠 5G 这一新兴技术来引领经济的转型升级，已成为至关重要且紧迫的任务。通过 5G 技术的创新应用，我们有望打破传统束缚，为经济发展注入新的活力与动力。

2. 创新突破性

相较于 4G，5G 在移动通信领域设立了更为严格且前瞻性的标准，具体体现在以下五个方面：一是 5G 追求极致的高速传输，旨在为用户带来前所未有的体验飞跃，并为虚拟现实（VR）、超高清视频等前沿应用开辟广阔空间；二是 5G 力求实现广泛而深入的覆盖，将通信网络的触角延伸至社会生活的每一个细微角落；三是 5G 低功耗特性尤为显著，特别是 NB-IoT 技术，能够无缝对接 GSM、UMTS 及 LTE 网络，实现网络的平滑过渡与升级；四是 5G 还致力于实现万物互联的愿景，通过低至 1 毫秒的时延要求，为无人驾驶、工业自动化等前沿场景奠定了坚实的基础；五是安全性重构亦是 5G 不可忽视的一环，通过构建多层次的防护体系，确保网络运行的绝对安全，从而支撑起一个更加智能、可信的互联网环境。

3. 长周期性

基于过往经验，我们可以推测 5G 网络的发展周期，涵盖初期起步、逐步成熟直至被下一代技术替代的全过程，大约将持续十年，即覆盖从 2020—2030 年的时间跨度。因此，在 5G 技术步入成熟阶段之际，我们须具备前瞻视野，提前布局并密切关注 6G 网络技术的标准化进程及产业化培育动态。这样做的目的在于，确保我们能够精准捕捉移动通信网络技术迭代更替的关键时机，充分利用技术演进带来的宝贵机遇与独特的时间优势，实现无缝衔接与持续发展。

4. 关联辐射性

2017 年 6 月，中国信息通信研究院发布的《5G 经济社会影响白皮书》，对未来十年 5G 技术的经济社会影响进行了展望。该书指出，到 2030 年，5G 技术将直接催生约 6.3 万亿元的总产出、贡献 2.9 万亿元的经济增加值，并创造 800 万个就业机会。这一系列数据深刻地揭示了 5G 远非单一技术那么简单，它是构建庞大产业体系与生态的基石，其真正价值在于激发新的发展机遇与内生动力，推动社会经济的全面转型升级。

5. 投资规模大

5G 技术作为新一代通用技术的典范，其商业化进程将掀起一股前所未有的投资热潮，不仅深刻改变传统产业的运作模式，还将催生出一系列新兴的信息产品和服务，成为驱动经济社会发展的核心引擎。鉴于 5G 应用场景的多元化及各行业推进速度的差异性，其投资过程将呈现出相对长期的特性。预计中国联通、中国移动和中国电信三大电信运营商在 5G 领域的总投资规模将突破万亿元大关，相较于 4G 时代，这一数字实现了超过 60% 的显著增长。在投资结构的细分中，通信网络设备占据了最大份额，接近总投资额的 40%，而基站天线、射频设备、光纤光缆以及光模块等关键组件的投资占比则分别为 3%、10.6%、3.3% 和 4.6%，显示出产业链各环节投资力度的差异化分布。

6. 进入门槛高

通信设备行业为新进入企业设置了较高的准入壁垒，这主要体现在两个方面：一方面，通信主设备市场的竞争格局呈现出长期激烈的态势，品牌影响力和产品质量成为决定竞争力的关键因素。在某些细分市场，已经形成由少数几家企业主导的寡头垄断局面，这使得新入局者要想在短期内迅速抢占大量市场份额面临极大的挑战。另一方面，通信主设备商在筛选供应商时执行着极为严格的标准，它们会对潜在合作伙伴的技术实力、生产流程、质量管理、工作环境等多个维度进行全面而细致的评估，确保供应商在经济性、环保性、合规性以及行为准则上均能达到高标准要求。这一过程往往伴随多次审核与整改，直至供应商完全符合要求后才能获得资质认定。

二、5G 在国民经济中的地位

自 20 世纪 80 年代起，移动通信领域每隔十年便迎来一次颠覆性的技术革新，这些革命性的进步不仅重塑了信息通信技术的面貌，也深刻影响了相关产业及应用的蓬勃发展，为全球经济的持续增长和社会进步提供了不竭的动力源泉。迄今为止，移动通信技术已经历从 1G 到 4G 四个重要发展阶段，目前已迈入第五代移动通信技术（5G）的新纪元。

全球移动通信系统协会（GSMA）在其《中国移动经济 2024》中指出，到 2030 年，这一数字预计将保持相对稳定。这表明，在中国，移动服务的普及率已在成年人口中达到了极高的水平，移动技术的市场几近饱和状态。

随着移动互联网普及率的不断攀升，用户之间的使用鸿沟正逐渐缩小，预示着移动互联网的采用将迎来更加显著的变革。未来十年，预计还将有 7 000 万新用户加入移动互联网行列。至 2030 年，其采用率有望进一步提升至 89%，仅余下约 1.6 亿人口，主要是青少年与老年人群体尚未全面接入。

与此同时，随着各大运营商逐步淘汰传统 2G 和 3G 网络，并加速 5G 服务的广泛部署，5G 技术在中国正以前所未有的速度普及。截至 2023 年年底，全国已建成超过 340 万个 5G 基站，占中国移动基站总数的 1/3 以上，彰显了我国在 5G 基础设施建设上的巨大成就。此外，根据中国电信监管机构的数据，超过 80% 的行政村已实现 5G 网络的覆盖，标志着 5G 服务正深入基层，惠及更广泛的人群。

在此背景下，把握 5G 移动通信技术发展的黄金机遇，不仅意味着要加快新技术、新产业的培育与孵化，更在于推动传统行业向数字化、网络化、智能化方向转型升级。这不仅是我国拓展经济发展新蓝海、开辟经济增长新路径的重要举措，还是构建未来国际竞争新优势、抢占全球科技制高点的战略选择。因此，加速 5G 技术的融合应用与创新发展，对于促进我国经济高质量发展、实现社会全面进步具有深远的意义。

（一）5G 将成为引领国家数字化转型的通用目的技术

1. 5G 技术引领移动通信迈向新纪元

移动通信技术的每一次跨越，都标志着系统性能的飞跃式提升。相较于 4G 技术，5G 技术以革命性的网络架构横空出世，带来前所未有的体验：峰值速率超过 10Gbps

的宽带服务、几乎瞬时的毫秒级时延响应以及前所未有的超高密度连接能力，共同书写了万物互联的新篇章，开启了一个充满无限想象与可能的新时代。

2. 5G 网络构筑万物互联的基石

在构筑万物互联的宏伟蓝图中，5G 网络扮演着至关重要的角色。它通过引入先进的 IT 化技术，如网络功能虚拟化（NFV）和软件定义网络（SDN），实现了网络功能的灵活部署与智能管理。这一过程不仅重塑了网络架构，形成了由接入、控制、转发三大平面构成的扁平化、智能化平台，还极大地增强了网络的开放性和普适性。5G 网络采用通用性硬件替代传统专用设备，促进了跨行业、跨业务的资源共享，有效提升了网络资源的利用效率与集约化管理水平。

3. 5G 应用加速经济社会全面数字化转型

随着信息通信技术的深度融合与广泛渗透，全球经济社会的数字化转型已成为不可逆转的趋势。在此背景下，5G 技术作为全球数字经济战略的核心组成部分，正受到各国的高度重视。各国竞相加速 5G 网络的研发与部署，旨在通过普及 5G 应用，为数字化转型注入强劲动力。展望未来，5G 将与云计算、大数据、人工智能、虚拟现实等前沿技术深度融合，构建起连接人与万物的数字桥梁，成为推动各行各业数字化转型的关键基础设施，引领经济社会迈向更加智能、高效的未来。

（二）激发各领域加大数字化投资力度，加速通信资本深化进程

当前，我国经济增长的核心驱动力已转变为最终消费，其对经济增长的贡献率超过 60%，标志着我国经济社会发展正式迈入消费驱动的新阶段。在这一背景下，5G 技术作为关键力量，对刺激消费增长、激活内需潜力具有不可忽视的作用。其具体作用机制阐述如下：

1. 丰富并优化信息消费供给

5G 技术的广泛应用将极大地推动信息产品和服务的创新步伐，使智能家居、可穿戴设备等前沿信息产品以及 8K 视频、VR 教育等高质量数字内容服务更加普及，深入千家万户。这一过程不仅丰富了信息消费的选择，还促进了信息消费市场的扩大与升级，有效挖掘并释放了内需潜力，为经济增长注入强劲动力。

2. 引领"互联网+"消费新风尚

5G 技术以其超高速率和低时延特性，将在居住、工作、娱乐及交通等生活领域带来前所未有的沉浸式交互体验，极大地促进虚拟现实购物、车联网等新兴消费模式的蓬勃发展。这种跨越时空限制的全新消费体验，将极大地激发消费者的购买欲望，从而有效带动"互联网+"相关领域的消费增长，构建"随时随地，消费无界"的新消费格局。

3. 拓展国际市场，增强国际竞争力

5G 技术的国际化进程预计将在两方面显著促进经济增长：一方面，通过推动 5G 标准统一，打破国际贸易壁垒，促进相关产品与服务的国际流通，不仅扩大了对外贸易规模，还优化了贸易结构，增强了优质产品与服务的国际竞争力，为经济快速增长和结构优化提供了有力支撑；另一方面，利用 5G 技术在海外建立分销网络或部署基础设施，能够直接带动我国 5G 相关产品的出口，深度挖掘国际市场潜力，进一步拓展我国经济的国际发展空间，提升综合国力与国际影响力。

三、5G 的市场空间

（一）我国 5G 连接数将迎来飞跃式增长

我国对 5G 服务的强劲需求持续增加，至 2023 年年底，已累积实现 5G 连接数 8.1 亿，占全国总连接数的 45%，展现出蓬勃的发展态势。在全球范围内，仅有美国和韩国的 5G 采纳率能超越中国的这四大核心市场。展望未来，预计到 2030 年，中国的 5G 连接数将超过 16 亿，占据全球总数的近 1/3 份额，届时中国的 5G 采纳率将逼近 90%，稳固其作为全球主要市场之一的地位。

（二）我国移动数据流量将迎来四倍增长

全球移动通信系统协会（GSMA）的最新预测指出，2023—2030 年，全球移动数据流量将以 23% 的年复合增长率（CAGR）持续攀升，预计到 2030 年，全球月度移动数据流量将突破 465 艾字节（EB）大关。其中，中国将占据近 10% 的市场份额，展现出巨大的市场潜力。从个体连接层面分析，我国每月的移动数据流量将在此期间实现从 13GB 到 54GB 的显著飞跃。更令人振奋的是，至 2030 年，我国每月的移动数据流量预计将超越全球平均水平，达到每月 54GB，而全球平均水平预计为 48GB/月。这一数据彰显出我国在移动数据消费领域的强劲增长势头。

（三）我国 5G 产业带动 10 万亿元的间接产出

如图 1-1 所示，从经济产出的视角审视，预计到 2030 年，5G 技术在我国不仅将直接催生 6.3 万亿元的产值，还将通过产业链上下游的广泛联动，间接带动高达 10.6 万亿元的经济产出。具体而言，在直接经济贡献方面，自 2019 年 5G 正式商用以来，其直接产出已初具规模，当年即达到 4 840 亿元，并预计将在未来十年内保持强劲增长态势，至 2025 年跃升至 3.3 万亿元，2030 年更是有望达到 6.3 万亿元，其间年均复合增长率高达 29%。而在间接经济效应层面，5G 的深远影响更为显著，从 2020 年的 1.2 万亿元，预计到 2025 年将激增至 6.3 万亿元，并在 2030 年突破 10.6 万亿元，年均复合增长率保持在稳健的 24%，充分展示了 5G 技术作为数字经济时代关键引擎的强大带动力和广阔发展前景。

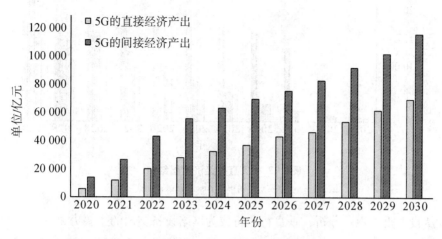

图 1-1　5G 的直接经济产出和间接经济产出

数据来源：中国信息通信研究院。

1. 5G 商用进程中的产出结构呈现阶段性变迁

随着 5G 商用化的逐步推进，其主要经济产出的来源经历了显著的阶段性转换。在 5G 商用的初期阶段，网络建设成为首要任务，运营商的大规模投资直接拉动了设备制造商的业绩，使得网络设备和终端设备的销售收入成为 5G 直接经济产出的主导力量。据统计，2020 年这两项收入合计约为 4 500 亿元，占直接经济总产出的 94%。

进入 5G 商用中期，随着用户基数的扩大及各行业对 5G 应用的深入探索，终端设备的市场需求与电信服务的消费均呈现出强劲的增长态势。预计到 2025 年，我国终端设备支出将达到 1.4 万亿元，而电信服务支出也将攀升至 0.7 万亿元，两者合计占直接经济总产出的 64%，显示出用户与行业应用对 5G 经济发展的重要性。

而到了 5G 商用中后期，伴随 5G 技术的深度融合与广泛应用，互联网企业依托 5G 提供的信息服务开始展现出巨大的市场潜力，其收入增长尤为显著，逐渐成为直接经济产出的主要驱动力。据预测，到 2030 年，我国互联网信息服务收入将高达 2.6 万亿元，占直接经济总产出的 42%，标志着 5G 经济从基础设施建设向信息服务应用转变的深化。

5G 直接经济产出结构见图 1-2。

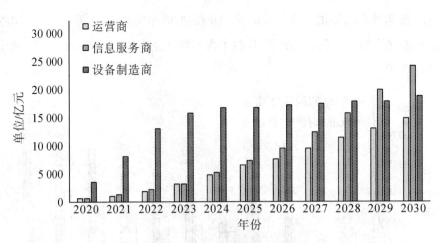

图 1-2　5G 直接经济产出结构

数据来源：中国信息通信研究院。

2. 从设备投入视角分析，垂直行业将成为网络设备支出的主要力量

如图 1-3 所示，在 5G 商用化的初步阶段，电信运营商扮演了网络建设主力的角色，2020 年其在 5G 网络设备上的投资额度已超过 2 200 亿元。而与此同时，各行各业在 5G 设备方面的初期投入也已超过 540 亿元，显示出对 5G 技术应用的积极态度。然而，随着网络基础设施的不断完善与部署的逐步深入，自 2024 年起，电信运营商在网络设备上的支出逐渐趋于平稳。

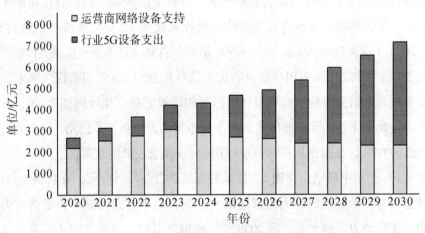

图 1-3　来自运营商和各行业 5G 网络设备投入

数据来源：中国信息通信研究院。

值得注意的是，随着 5G 技术向垂直行业的深度融合与广泛应用，各行业对于 5G 设备的投入将持续增长，这一趋势将成为推动相关设备制造企业收入增长的主要动力。到 2030 年，预计各行业在 5G 设备上的总支出将超过 5 200 亿元，这一数额在设备制造企业整体收入中的占比将显著提升，预计超过 69%，凸显出垂直行业在 5G 设备支出中的主导地位。

第二章

5G 外部发展环境分析

一、政策环境

（一）全球主要国家和地区的 5G 战略和政策

1. 美国：注重 5G 在国防安全和军事发展领域的作用

自 5G 技术横空出世以来，美国国防部及众多军事战略研究机构便敏锐地洞察到其在军事领域的潜在战略价值，给予了其前所未有的高度评价。2017 年，《美国国家安全战略》正式将 5G 纳入国家安全的战略蓝图，标志着 5G 技术的重要性已上升至国家层面。2018 年，时任总统特朗普更是亲自发声，强调美国必须在全球 5G 竞赛中占据领先地位，并明确由私营部门引领 5G 的部署与发展。

为加速 5G 战略实施，2019 年美国联邦通信委员会（FCC）推出了"5G FAST Plan"战略计划。该计划从频谱资源市场化配置、基础设施政策优化，以及法律规章更新三大维度出发，旨在构建 5G 研发与产业商用的战略高地，进一步巩固和强化美国在 5G 技术领域的本土优势。2018—2021 年，美国政府连续发布了包括《5G 技术将重塑创新与安全环境》《5G 生态系统：国防部的风险与机遇》及《5G 移动通信技术对国家安全的影响》在内的数十份权威报告，深入剖析并论证了 5G 对于国防安全及军事现代化的重要性。

进入 2022 年，美国国防部迈出了关键一步，正式成立了 5G 和未来无线网络跨职能团队，由主管研究与工程的副部长亲自挂帅，彰显了美国政府以国防部为核心，将 5G 军用化纳入国家战略体系的坚定决心。此举不仅推动了 5G 技术与实战应用的深度融合，还直接促进了军队作战体系与管理体系的现代化升级，美国在 5G 军用领域取得了显著的成果。

在频谱政策方面，美国亦展现出积极姿态。2023 年 11 月，《国家频谱战略》的发布标志着美国在频谱资源管理上的新篇章，总计 2 786MHz 的频谱资源被规划用于满足国内日益增长的无线需求，特别是 7.125GHz 至 8.4GHz 频段被明确指定用于无线宽带服务，为 5G 及未来通信技术的发展铺平了道路。随后，美国国家电信与信息管理局（NTIA）于 2024 年 3 月发布了"国家频谱战略实施计划"，详细列出了频谱工作的时间表，确保各项战略举措有序推进。

美国总统拜登于 2023 年 12 月签署了《5G 频谱管理局许可证强制执行（销售）法案》，赋予 FCC 一次性发放许可证临时授权的权限，这一举措有效地促进了美国农村地区 5G 网络的覆盖，为消除数字鸿沟、实现全国范围内的 5G 普及奠定了坚实基础。综上所述，美国的频谱政策与战略部署为 5G 网络的广泛覆盖，以及向 5G-A 等更高级别技术的升级提供了强有力的政策保障与资源支持。

2. 欧盟：5G 赋能垂直行业数字化转型是主要方向

欧盟成员国深刻认识到，5G 技术所引领的科技进步对整个欧洲大陆的深远影响。因此，它们将工业 4.0 建设视为核心驱动力，积极推动构建高度互联的 5G 网络体系，并在此领域密集出台了一系列前瞻性的政策。2022 年 11 月 30 日，欧盟理事会通过了具有里程碑意义的"通往数字十年之路计划"。该计划锚定 2030 年愿景，致力于在技能培养、基础设施建设、商业创新，以及政府服务数字化转型四大关键领域实现技术飞跃，确保欧洲的数字化转型进程紧密契合其核心价值理念。

在基础设施维度，欧盟设定到 2030 年为全体欧洲公民提供千兆宽带服务，并确保 5G 网络覆盖欧洲每一个角落的目标。值得注意的是，欧盟广泛采用的厘米波 5G 技术路径与我国相似，但鉴于其成员国多为经济发达、产业基础稳固的国家，5G 应用的需求与供给呈现出鲜明的"欧盟模式"。随着欧盟持续聚焦经济复苏、绿色化转型与数字化转型的协同推进，5G 应用产业的生态建设已成为推动经济重振与社会转型的关键驱动力。

在全球经济面临下行压力加剧的背景下，企业数字化转型的紧迫性日益凸显，特别是在云计算与数据安全领域。5G 以其卓越的高带宽、低延迟特性，为数据传输的安全性与稳定性提供了坚实保障。欧洲作为传统工业强国聚集地，各垂直行业虽根基深厚，但也面临生产模式固化、转型升级难度大的挑战。5G 技术的引入，恰如一股强劲动力，为产业数字化转型开辟了新路径，有效地破解了当前发展的瓶颈。

鉴于此，随着 5G 技术的不断成熟与应用拓展，欧洲电信运营商纷纷将目光投向垂直行业，致力于通过 5G 技术赋能行业数字化转型，以此作为企业发展的新引擎。一些欧洲企业已率先行动，如西班牙在部署 5G 独立组网（SA）前，便针对特定企业精心策划了试点项目，成功将 5G 应用于自动引导机器人、智能眼镜辅助远程维护、无人机现场监控等前沿场景。英国运营商则通过定制化 5G 赋能方案，深入企业市场，依据企业类型与规模提供差异化服务，不仅提高了企业对 5G 赋能潜力的认识，还激发了其深层次的应用需求，为 5G 在垂直行业的广泛应用奠定了坚实基础。

3. 韩国：将5G确定为国家关键技术

2014年，韩国正式确立了以"未来移动通信产业发展战略"为核心框架的5G发展蓝图，矢志不渝地追求"将韩国塑造为全球5G通信领域的领航者"的宏伟目标。随后，在2019年4月，韩国政府进一步推出了"5G+战略"。该战略全面覆盖了公共投资、5G技术与应用创新、制度环境优化、人才梯队建设、服务全球化拓展以及国际标准制定等维度，旨在巩固并提升韩国在全球5G领域的国际竞争力。尤为值得一提的是，韩国率先提出了5G基础设施共建共享的创新模式，有效地降低了建设成本，加快了全球5G商用的步伐。

步入2022年，韩国政府深刻洞察到技术霸权竞争的新态势，于该年12月发布了包含12项关键战略技术的国家战略清单，其中"下一代通信技术"（涵盖5G-A、6G、Open RAN、5G/6G通信组件及5G/6G卫星通信）被置于核心地位，彰显了韩国对未来通信技术发展的高度重视与坚定决心。

韩国科学技术信息通信部（MSIT）于2021年10月28日做出了重大决策，将宝贵的4.7GHz频段（4.72GHz～4.82GHz，共100MHz）与28GHz频段（28.9GHz～29.5GHz，共600MHz）划定为5G专网专用频段，以加速5G技术在各行各业的深度应用。这些频段被划分为多个资源块，以满足不同场景下的多样化需求。

在频率许可方面，韩国采取了灵活高效的行政许可机制，明确了两类申请主体：一类是经MSIT认证的5G专网运营商，它们可申请并获得专用频率，为企业客户提供定制化专网服务；另一类是直接申请专用频率以自建5G专网的企业用户。值得注意的是，为防止市场垄断，政府明确规定公网运营商不得涉足专网运营领域。此外，韩国还简化了行政许可流程，降低了毫米波频段（如28GHz）的频率分配费和使用费，以激励更多企业采用这些高频段资源。

截至2024年1月，MSIT已成功向31家专网运营商及企业颁发了5G专用频率许可证，覆盖全国56个区域。其中，18家专网运营商成功获得了4.7GHz或28GHz频段的频率许可证，并将这些资源广泛应用于物流枢纽、产业园区、制造工厂、高等教育机构及医疗机构等关键领域，有效地推动了韩国社会各界的数字化转型进程。

4. 日本：通过5G专网建设解决社会发展面临的挑战

日本当前社会发展正面临双重严峻挑战。一是人口老龄化的急剧加深，65岁以上老年人口已超过总人口的1/3，每日劳动力流失高达2 000人，这一趋势不仅削弱了消费动力，还导致经济活力持续下滑。尽管日本工业界在智能化方面已取得显著成就，但随着科技日新月异，生产流程日益复杂化，传统人工操作愈发难以胜任，对高技能劳动力的需求激增。在此背景下，利用5G技术深化产业智能化，实现关键工序的远程精准操控，成为日本5G应用的关键着力点，旨在缓解劳动力短缺与技能提升的双重压力。二是日本频发的自然灾害对公共通信网络构成潜在威胁，影响应急响应效率。为此，构建独立于公网的5G专网体系显得尤为重要。在灾难发生时，这些专网能确保工厂、医院、政府机构等关键部门通信畅通，保障救援与重建工作的有序进行，同时加速产业恢复，减少经济损失。因此，利用5G技术革新生产方式，增强防灾减灾能力，是日本社会发展的迫切需求。

鉴于日本国土面积狭小、人口密度高的特点，5G发展策略尤为注重专网建设。日本采取了"5G公网+Local 5G"的双轨并行战略，其中"Local 5G"鼓励企业自主建设独立5G专网，体现了对专网建设与公网发展同等重视的战略眼光。

总体而言，日本5G应用产业生态虽目标明确且针对性强，但在供给层面尚存不足，导致发展不均衡、生态体系尚不健全、应用效果有待提升。然而，日本在5G独立专网建设领域的探索已初具成效，专注于垂直行业与专业领域，为5G应用产业生态的未来发展绘制了清晰的蓝图。展望未来，日本将坚定不移地沿着既定路线前行，持续优化5G应用效果，完善产业发展体系，并深入探索5G应用的具体实施路径，以推动社会全面进步与持续发展。

5. 中东地区：从5G到5G-A持续领跑

为了摆脱长期以来对石油的过度依赖，实现经济结构的多元化与环境的可持续发展，中东国家近年来积极规划并实施了国家层面的数字化转型与智能化建设蓝图。5G技术作为这一转型的核心驱动力，不仅承载着创造多元化数智应用、提升民众生活品质的使命，还是重塑社会生产力、加速数字经济增长的关键力量。中东各国深刻认识到5G的战略价值，纷纷将其作为转型的基石与支柱。

沙特阿拉伯在"2030愿景"中便前瞻性地设定了目标，旨在2025年前在其前五大城市构建万兆级网络基础设施。自2019年起，沙特阿拉伯便加速推进5G商用化进程，将5G网络的部署与普及视为国家发展的优先事项，在全球范围内成功实现了从网络性能、服务多样性到用户基数增长及创新应用拓展的全面领先，为其他地区的电信运营商树立了标杆。阿联酋亦不甘落后，在其建国50周年的重要时刻，推出了"面向未来50年国家发展战略"，重点投资并鼓励数字经济与先进技术的创新与应用，进一步推动了中东地区的数智化浪潮。

随着数智化进程的深入推进，新兴终端、应用场景与服务的不断涌现，对网络能力提出了前所未有的高要求。5G发展因此进入了从用户规模扩张向用户价值深度挖掘的新阶段，而5G-A作为这一阶段的标志性技术，通过十倍于现有网络的能力提升及通感融合、无源物联网、内生智能等革命性特性的引入，正逐步满足更为复杂多变的全场景需求。它不仅将极大地改善用户的网络体验，丰富并简化日常生活，更将全面激发跨行业创新活力，引领生产力实现质的飞跃，有效延长5G技术的繁荣周期。鉴于6G技术尚处于研发初期，距离实际应用尚有一段距离，5G-A以其与6G的高度技术同源性和前瞻性，成为连接当前与未来的桥梁，为下一代通信技术的探索与应用提前铺路。

中东国家在这一领域同样展现出了高度的前瞻性与行动力。2023年8月，阿联酋电信和数字政府监管局（TDRA）宣布与本国两大电信运营商 etisalat by e& 和 du 合作完成的 5G-A 第二阶段试验项目取得圆满成功，利用 6GHz 频段实现了高达 10Gbps 的传输速率，标志着中东向万兆物联网时代的坚实迈进。同年 12 月，在电信评论领袖峰会上，包括 etisalat by e& 在内的多家行业领军组织与企业共同宣布，中东已正式迈入 5G-A 时代，开启了数智化发展的新篇章。

（二）中国 5G 政策

"十四五"时期，作为中国迈向全面建设社会主义现代化国家新征程的首个五年规划期，不仅承载着国家发展的宏伟蓝图，也标志着中国 5G 技术从试验探索迈向规模化应用与深度融合的黄金时代。这一时期，5G 不再是信息技术的革新，而是成为驱动经济社会全面转型升级的关键引擎。

在《中华人民共和国国民经济和社会发展第十四个五年规划和 2035 年远景目标纲要》的宏伟布局中，5G 被赋予了前所未有的战略高度。该纲要明确提出"加速 5G 网络规模化部署，力争用户普及率达到 56%"，这一目标不仅体现国家对 5G 技术普及应用的坚定决心，也预示着 5G 将深度融入社会经济的每一个角落。同时，该纲要强调"构建基于 5G 的应用场景和产业生态"，通过设立智能交通、智慧能源、智能制造、智慧农业及水利、智慧教育、智慧医疗、智慧文旅等十大应用场景专栏，全面激发 5G 技术的创新活力与应用潜力，为数字经济的蓬勃发展奠定坚实基础。

为积极响应党中央、国务院的号召，各级政府部门迅速行动，截至 2023 年年底，累计发布了包括 25 个国家级和 128 个省市级在内的 5G 相关政策，形成了上下联动、协同推进的良好局面。工业和信息化部作为行业主管部门，更是充分发挥引领作用，通过制定《"十四五"信息通信行业发展规划》等纲领性文件，明确了 5G 未来五年的发展方向、重点任务及预期目标。同时，一系列配套政策措施，如《工业和信息化部关于推动 5G 加快发展的通知》《"双千兆"网络协同发展行动计划（2021—2023 年)》《"5G+工业互联网"512 工程推进方案》等相继出台，从网络建设、应用场景拓展、产业生态构建等维度，为 5G 的快速发展提供了强有力的政策保障和支持。

2023 年，我国 5G 政策进一步聚焦应用深化与技术创新，发布了一系列旨在促进 5G 与各行业深度融合的政策文件。特别是在智慧旅游、工业互联网、5G 消息、端网协同等领域，通过专项计划、工作规则、建设指南等形式，不仅强化了 5G 在工业领域的深度融合应用，还积极探索 5G 在民生服务领域的创新实践，推动 5G 技术从"赋能"向"使能"转变，为消费服务行业和实体经济的数字化转型提供强大动力。

特别是在 2023 年 10 月，工业和信息化部发布的《关于推进 5G 轻量化（RedCap）技术演进和应用创新发展的通知》，标志着我国在 5G 技术创新领域迈出了重要一步。RedCap 技术的推广应用，有望大幅降低 5G 终端成本，扩大 5G 应用场景的覆盖范围，进一步加速 5G 应用的规模化进程，为构建更加完善、高效的 5G 产业生态体系奠定坚实基础。这一系列举措不仅体现了我国在 5G 技术领域的深厚积累与前瞻布局，也彰显了我国推动数字经济高质量发展的坚定决心与强大能力。

我国 5G 相关政策见表 2-1。

表 2-1　我国 5G 相关政策

日期	颁发部门	相关政策
2016 年 1 月	工业和信息化部	启动 5G 发展规划： （1）2016—2018 年年底，进行 5G 技术研发试验，主要目标是参与支持 5G 国际标准制定； （2）2018—2020 年年底，进行 5G 产品研发实验，主要目标是开展 5G 预商用测试； （3）进入 5G 网络建设阶段，并有望最早在 2020 年正式规模商用
2017 年年初	2017 年政府工作报告	政府工作报告首次提出加快 5G 等技术研发和转化
2017 年年初	科技部	科技部召开"新一代宽带无线移动同信网"重大专项新闻发布会，宣布"十三五"期间国家科技重大专项"新一代宽带无线移动通信网"将延续，并转为以 5G 为重点，以运营商应用为龙头带动整个产业链各环节的发展，争取 5G 时代中国在移动通信领域成为全球领跑者之一
2017 年 8 月	国务院	国务院下发《关于进一步扩大和升级信息消费持续释放内需潜力的指导意见》，提出拓展光纤和 4G 网络覆盖的深度和广度，力争 2020 年启动 5G 商用
2018 年 8 月	工业和信息化部、国家发展改革委	颁布《扩大和升级信息消费三年计划（2018—2020 年）》，该计划提出加快 5G 标准研究、技术试验，并确保 2020 年启动 5G 商用
2018 年 12 月	工业和信息化部	中国移动、中国联通和中国电信三大运营商已经获得全国范围 5G 中低频段试验频率使用许可，频谱分配方案正式落地，全国范围规模试验将展开
2019 年 1 月	国家发展改革委、工业和信息化部等十部门	（1）加大对中央和地方电视台 4K 超高清电视频道开播支持力度。支持广电网络和电信网络升级改造，提升超高清视频传输保障能力。 （2）推进实施中小城市、农村以及边远地区、林牧区、海岛等区域基础网络完善工程，进一步为扩大和升级信息消费提供支撑
2019 年 3 月	工业和信息化部、国家广播电视总局、中央广播电视总台	联合发布了《超高清视频产业发展行动计划（2019—2022 年）》，指出要积极探索 5G 应用于超高清视频传输，实现超高清视频业务与 5G 的协同发展
2019 年 6 月	工业和信息化部	印发《工业互联网专项工作组 2019 年工作计划》。该计划提出，建设 5 个以上企业内网络技术验证应用测试床和 10 个企业标杆网络；进一步加快 5G 工业互联网频率使用规划研究，提出 5G 系统部分毫米波频段频率使用规划，研究制定工业互联网频率使用指导意见；加强军工工业互联网发展顶层设计，研究制订"数字军工行动计划"等具体举措

表2-1(续)

日期	颁发部门	相关政策
2020 年 3 月	工业和信息化部	《关于推动 5G 加快发展的通知》明确提出，加快 5G 网络部署、丰富 5G 技术应用场景、持续加大 5G 技术研发力度、着力构建 5G 安全保障体系和加强组织实施五个方面 18 项措施
2020 年 3 月	国家发展改革委、中宣部、财政部、商务部等23个部门	发布《关于促进消费扩容提质加快形成强大国内市场的实施意见》，提出加快 5G 网络等信息基础设施建设和商用步伐
2021 年 2 月	工业和信息化部	发布《关于提升 5G 服务质量的通知》，该通知指出部分电信企业用户提醒不到位、宣传营销不规范等情形引发社会广泛关注，要求高度重视服务工作，健全四个提醒机制，严守四条营销红线，建立三类监测体系，强化协同监管
2021 年 7 月	工业和信息化部等十部门	发布《5G 应用"扬帆"行动计划（2021—2023 年)》，该计划提出了八个专项行动、32 个具体任务
2021 年 12 月	国家发展改革委、中央网信办、工业和信息化部、国家能源局等部门	发布《贯彻落实碳达峰碳中和目标要求 推动数据中心和 5G 等新型基础设施绿色高质量发展实施方案》，该方案提出，到 2025 年，数据中心和 5G 基本形成绿色集约的一体化运行格局，5G 基站能效提升 20% 以上
2022 年 3 月	2022 年政府工作报告	加强数字中国建设整体布局。建设数字信息基础设施，逐步构建全国一体化大数据中心体系，推进 5G 规模化应用，促进产业数字化转型，发展智慧城市、数字乡村
2023 年 5 月	工业和信息化部等 14 部门	联合印发《关于进一步深化电信基础设施共建共享 促进"双千兆"网络高质量发展的实施意见》（以下简称《意见》），部署推进新一轮电信基础设施共建共享工作。《意见》提出，到 2025 年，电信基础设施共建共享工作机制不断完善，"双千兆"网络建设环境进一步优化，农村杆线梳理取得积极进展，跨行业共建共享深化拓展，数字化手段保障有力，电信基础设施共建共享水平稳步提升，有效节约社会资源
2023 年 6 月	工业和信息化部	发布新版《中华人民共和国无线电频率划分规定》，自 2023 年 7 月 1 日起正式施行。在本次修订中，工业和信息化部率先在全球将 6 425~7 125MHz 全部或部分频段划分用于 IMT（国际移动通信，含 5G/6G）系统
2023 年 10 月	工业和信息化部	印发《关于推进 5G 轻量化（RedCap）技术演进和应用创新发展的通知》。该通知提出到 2025 年，5G RedCap 产业综合能力显著提升，新产品、新模式不断涌现，融合应用规模上量，安全能力同步增强
2023 年 11 月	工业和信息化部	印发《"5G+工业互联网"融合应用先导区试点工作规则（暂行)》《"5G+工业互联网"融合应用先导区试点建设指南》。鼓励各地以城市（地级及以上城市）为单位推进先导区试点建设，通过加大政策支持力度、加强基础设施建设、推进融合应用创新、培育壮大产业生态、强化公共服务能力等举措，激发各类市场主体创新活力，充分释放"5G+工业互联网"叠加倍增效应，加快数字经济与实体经济深度融合，助力新型工业化

表2-1（续）

日期	颁发部门	相关政策
2024 年 1 月	工业和信息化部等 11 部门	发布《关于开展"信号升格"专项行动的通知》，实现移动网络（4G 和 5G）信号显著增强，移动用户端到端业务感知明显提升，资源要素保障更加有力，监测评估能力持续增强，为广大用户提供信号好、体验优、能力强的高品质网络服务。到 2024 年年底，超过 8 万个重点场所实现移动网络深度覆盖（重点场所的关键点位均达到相关覆盖标准要求），2.5 万千米铁路和 35 万千米公路、150 条地铁线路实现移动网络连续覆盖（线路沿线 95% 的区域达到相关覆盖标准要求）。移动网络下行均值接入速率不低于 200Mbps，上行均值接入速率不低于 40Mbps，卡顿、时延等主要业务指标加快改善，移动网络达标速率占比不低于 90%（90% 情形下达到相关速率标准要求）
2024 年 1 月	工业和信息化部等 13 部门	发布《关于加快"宽带边疆"建设的通知》。该通知指出，到 2025 年年底，边疆地区县城、乡镇驻地实现 5G 和千兆光网通达；行政村、20 户以上农村人口聚居区、边境管理及贸易机构、有人居住海岛通宽带（含通光纤、通 4G 或通 5G）比例达到 100%；沿边国道和省道沿线基本实现移动网络覆盖；内海海域按需实现网络覆盖。到 2027 年年底，边疆地区行政村、边境管理及贸易机构通 5G 网络比例达到 95% 以上；20 户以上农村人口聚居区、沿边国道和省道沿线基本实现 5G 网络覆盖；有人居住海岛通 5G 网络比例达到 100%；内海、领海等海域基本实现 5G 网络覆盖
2024 年 1 月	工业和信息化部等 13 部门	发布《关于 2023 年千兆城市建设情况的通报》。该通报指出，按照《"双千兆"网络协同发展行动计划（2021—2023 年）》《关于开展 2023 年度千兆城市建设情况总结评估工作的通知》有关要求，工业和信息化部组织开展了 2023 年度千兆城市总结评估工作，各地对标评价标准、强化政策支持，多措并举积极推动"双千兆"网络建设、应用创新和产业发展
2024 年 4 月	工业和信息化部办公厅	发布《关于开展 2024 年度 5G 轻量化（RedCap）贯通行动的通知》。该通知提出积极推进 5G RedCap 标准进程，2024 年 9 月前完成基于 3GPP R17 版本的 5G RedCap 行业标准制定，构建涵盖基站、终端、通用模组等设备的全系列测试标准体系。开展面向 R18 版本 5G RedCap 演进技术研究，推动 5G RedCap 技术持续演进。鼓励跨行业标准体系建设，协同推进 5G RedCap 与工业、电力等行业融合应用标准制定，促进 5G RedCap 赋能产业数实融合

资料来源：笔者根据公开信息整理。

我国各省（自治区、直辖市）（不含港澳台地区）5G 政策规划目标见表 2-2。

表 2-2　我国各省（自治区、直辖市）5G 政策规划目标

省份	5G 政策规划名称	重点内容
北京	《北京市"十四五"信息通信行业发展规划》	到 2025 年年末，全市建成并开通 5G 基站 6.3 万个，基本实现城市、县城、乡镇、行政村和主要道路连续覆盖；到 2025 年，具备用户体验过百兆，家庭接入超千兆，企业商用达万兆的网络能力；形成一批 5G 应用示范标杆，实现 5G 与垂直行业深度融合

表2-2(续)

省份	5G政策规划名称	重点内容
上海	《上海市信息通信行业"十四五"发展规划》	到2025年年末，全市将建成并开通5G基站7万个，固定宽带接入带宽将达到500Mbps，互联网国际出口带宽达到15Tbps，IPv6活跃用户数占比将提升至80%
广东	《广东省信息通信业"十四五"规划》	到2025年，广东省信息通信业收入规模将达到1万亿元，信息基础设施累计投资达到1 960亿元，数字经济核心产业增加值占地区生产总值的比重达到20%；5G基站数达到25万个，5G用户普及率达到80%
浙江	《浙江省信息通信业发展"十四五"规划》	到2025年，全省建成5G基站20万个，实现行政村以上地区5G网络全覆盖，信息通信业规模进一步壮大，建成高速泛在集成互联、智能绿色、安全可靠的新型信息通信基础设施
江苏	《江苏省"十四五"信息通信业发展规划》	到2025年，5G网络实现城市、乡村全面覆盖，行政村5G通达率大于90%，建成10个以上千兆城市，打造50个以上千兆行业虚拟专网标杆工程，5G用户普及率达到70%，用户数超过6 000万
福建	《福建省信息通信业"十四五"发展规划》	"十四五"时期，实施十项重点工程，包括"双千兆"网络全面部署工程、工业互联网网络部署工程、互联网网络升级优化工程等，全省每万人拥有5G基站数将从5.3个提升至30个
广西	《信息通信业发展"十四五"规划》	"十四五"期末，5G网络和千兆光网实现城市和乡村全面覆盖、重点应用场景深度覆盖，行政村5G签登率达到80%、千兆光网通达率达到60%
江西	《江西省"十四五"信息化和工业化深度融合发展规划》	到2025年年末，5G企业用户普及率到50%以上，开展企业内网改造试点100个以上；加快5G规模组网建设及应用，实现产业园区、惠点企业的5G网络全覆盖，建设一批5G示范网络，部署5G切片专网，满足工业领域差异化网络需求，前瞻性布局6G网络，发展5G网络设备及核心器件
河北	《河北省信息通信行业"十四五"发展规划》	"十四五"期间，全省网络基础设施将持续提升，全省5G网络覆盖面和建设水平位居全国前列，5G网络实现县城及以上城区全覆盖，千兆光纤网络实现工业园区、商业及景区等重点场所全覆盖，NB-IoT实现县以上城市普遍覆盖、重点场景实现深度覆盖
河南	《河南省信息通信行业"十四五"发展规划》	到2025年，河南省千兆宽带用户将达900万户，5G用户普及率达到60%，通信网络终端连接数达到3.3亿，工业互联网标识注册达到1 500万个，加强5G、千兆光网等信息通信技术和数据要素驱动，推进5G网络商业化、规模化应用，推动产业数字化和数字产业化
湖北	《湖北省"十四五"信息通信行业发展规划》	到2025年，全省建成5G基站13万个，10G-PON及以上端口规模达到70万个，5G用户普及率达到70%，千兆宽带用户数达到400万户；"星火·桂网"超级节点和骨干节点等区块基础设施加速布局

表2-2(续)

5G产业投资：
实务与案例

省份	5G政策规划名称	重点内容
湖南	《湖南省"十四五"信息通信业发展规划》	到2025年，开建各类5G基站15万个，建成覆盖城乡、品质优良的5G网络，构建5G-千兆光网协同发展的"双千兆"网络
安徽	《安徽省信息通信业"十四五"发展规划》	到2025年年末，电信业务总产值达到8 900亿元，5G基站数达到15万个，5G用户普及率达到50%
黑龙江	《黑龙江省"十四五"信息通信行业发展规划》	到2025年，信息通信业收入达到278.1亿元，信息通信基础设施投资（2021—2025）达到387亿元，通信业务总量达到509亿元，建成并开通5G基站11.4万个，千兆宽带接入端口占比达到63%，5G用户普及率达到79%，千兆宽带家庭普及率达到35.6%，行政村5G通达率达到75%，重要口岸5G通达率达到100%
吉林	《吉林省"十四五"信息通信行业发展规划》	到2025年年末，建成5G基站数5.5万个，5G移动用户普及率达到56%，行政村5G通达率达到80%，千兆家庭宽带普及率达到10%
辽宁	《辽宁省"十四五"信息通信业发展规划》	"十四五"期间，推进5G网络建设，加快实现农村及以上地区和重点区域5G网络部署，高速公路、铁路、轨道交通等交通线路沿线5G网络连续覆盖，打造覆盖范围广、网络质量优、业务体验佳的5G精品网络
山东	《山东省信息通信业"十四五"发展规划》	到2025年年末，全省电信业务总量达到2 130亿元，电信业收入达到839亿元，每万人拥有5G基站数到23个，5G用户普及率达到56%
山西	《山西省信息通信产业"十四五"发展规划》	到2025年，全省建成5G基站12万个，5G网络基本实现乡镇以上区域和重点行政村全覆盖，全省千兆以上宽带接入端口数量达到1 100万个，千兆宽带家庭普及率由"十三五"期末的0.15%提高到24%，建成6个千兆城市
陕西	《陕西省"十四五"信息通信业发展规划》	到2025年年底，陕西省电信业务总量将突破1 000亿元，5G基站数量将达到11万个，数据中心机架数将达到6万架，千兆光网供给能力将超过1 600万户，基本建成"高速泛在、智能敏捷、集约高效、安全可信"的数字基础设施
海南	《海南省信息基础设施建设"十四五"规划》	到2025年，全省累计建成5G基站2.5万个以上，5G用户普及率达到60%；全省城市千兆光伏网络覆盖率达到92%以上，千兆宽带配套普及率达到15%以上，完成海口、三亚等重点地区"双千兆"示范城市建设
天津	《天津市"十四五"信息通信行业发展规划》	建设新型数字基础设施、拓展创新服务应用、坚持协同开放发展、提升行业管理效能、强化安全应急保障，围绕5G网络部署、智能算力设施高质量发展、工业车联网创新发展及应用推广、互联网创新应用试点示范、支持乡村振兴发展、推动智慧城市治理等重点领域发力
云南	《"十四五"云南省信息道信行业发展规划》	到2025年，全省信息通信基础设施累计投资560亿元，每万人拥有5G基站数达到30个，行政村5G通达率达到90%，单位电信业务总综合能耗下降15%

表2-2（续）

省份	5G政策规划名称	重点内容
贵州	《贵州信息通信行业"十四五"规划》	到2025年，全省建成5G基站13万个，每万人拥有5G基站数达到33个，5G网络实现城市和乡镇全面覆盖、重点应用场景深度覆盖，"双千兆"普及达到全国一流水平
四川	《四川省信息通信行业发展规划（2021—2025年）》	深入贯彻落实西部大开发、成渝双城经济圈等国家发展战略，夯实农村边远地区"光纤+4G"网络覆盖，加快5G网络向农村地区延伸，切实推进数字乡村建设，有利于进一步缩小区域和城乡之间数字化发展差距，推动区域和城乡协调发展
重庆	《重庆市信息通信行业发展规划（2021—2025年）》	到2025年，全市建成5G基站15万个，行政村5G通达率达到80%，5G用户普及率达到60%以上，IPv6移动网络流量占比达到70%，10G-PON及以上端口规模达到40万个，建设30个工业互联网标识二级节点，工业互联网标识注册会员达到15亿
宁夏	《宁夏回族自治区信息通信业发展"十四五"规划》	全面推进5G网络部署，加快5G独立组网（SA）网络规模化部署；加快推进千兆光纤网络建设，持续扩大千兆光纤覆盖范围，加快推动万兆无源光网络（10G-PON）设备规模部署，推进"千兆城市"试点建设；优化骨干网性能和效率
青海	《青海省信息通信行业发展规划（2021—2025年）》	到2025年，基本建成高速泛在、集成互联、智能绿色、安全可控的新型数字基础设施，面向数据要素的一体化数字能力大幅提升，业务创新和赋能经济社会数字化转型成效显著
甘肃	《甘肃省"十四五"数字经济创新发展规划》	到2025年年底，数字经济规模总量突破5 000亿元，数字经济增加值占GDP的比重上升15个百分点
内蒙古	《内蒙古自治区"十四五"工业和信息化发展规划》	加快完善新一代信息基础设施，实施数字化改造工程，加大5G技术、大数据智慧矿山、工业互联网、智慧工厂等方面的应用，促进工业信息化深度发展
新疆	《新疆维吾尔自治区信息通信行业"十四五"发展规划》	到2025年，全区5G用户普及率达到56%，行政村5G通达率达到80%，千兆光纤端口占比达到12%，与全国平均水平相同；每万人拥有5G基站数20.75个，千兆宽带用户占比达到10%
西藏	《西藏自治区"十四五"信息通信业发展规划》	"十四五"时期每万人拥有5G基站数达到45.9～49.3个，实现城市及重点乡镇覆盖，重点应用场景深度覆盖，持续扩大千兆光纤网络覆盖范围，10G-PON及以上端口数力争达到5万个

资料来源：笔者根据各省（自治区、直辖市）官网整理而成。

二、经济环境

（一）深化5G应用，开拓经济发展新蓝海

在技术创新引领经济发展的新时代背景下，我国正步入"十四五"规划的关键阶段，其中明确指出了以供给侧结构性改革为基石，创新驱动与高质量供给为双轮，驱动新需求的生成。为确保经济持续高质量发展，我国亟须借助前沿科技的力量，开辟

经济增长的新疆域。历经技术追赶与资本积累的深厚积淀，我国已具备这样的潜力与基础，而5G技术的广泛应用正是这一战略蓝图中的璀璨明珠。

1. 5G：新经济时代的核心引擎

作为新一轮科技革命的核心驱动力，5G不仅独立成为经济增长的新亮点，更以其强大的融合能力，携手大数据、人工智能、物联网等前沿技术，共同编织经济与社会形态的变革蓝图，为我国经济高质量发展注入强劲动力。此外，5G还深刻影响着工业、教育等领域，推动智能制造、智慧教育的蓬勃发展，提升社会整体运行效率与质量。

2. 5G"新基建"：产业链的全面激活

作为"新基建"的重要组成部分，5G网络的加速建设正为整个产业链带来前所未有的发展机遇。从电信运营、设备制造到信息服务，5G投资不仅直接拉动相关行业的快速增长，还通过产业间的深度联动，激发更广泛的信息通信技术投资热潮，形成投资与效益的良性循环。同时，5G与人工智能、数据中心等数字基础设施的深度融合，构建起一个跨行业、跨领域的创新生态系统，为全社会的技术进步与产业升级提供坚实支撑。

（二）构建 5G 应用产业生态，提升国家竞争力

5G之所以成为全球科技竞争的新高地，其核心优势在于其前所未有的应用场景广度与深度，以及持续不断的创新能力。这种双重优势不仅为科技进步提供了肥沃的土壤，催生了新技术、新模式的不断涌现，还深刻改变了传统产业的发展方式，为产业升级开辟了前所未有的广阔天地。它如同一座桥梁，连接着现实与未来，使我们能够跨越传统界限，探索更加高效、智能、可持续的发展路径。

在此背景下，构建一个完善、开放、协同的5G应用产业生态，成为满足新型工业化发展需求、提升国家在全球竞争格局中地位的关键举措。这一生态体系将涵盖技术研发、标准制定、网络建设、应用推广等各个环节，形成一个闭环、相互促进的创新链条，为5G技术的广泛应用和深度融合提供有力支撑。以华为等为代表的一批中国优秀企业，在全球5G领域取得了举世瞩目的成就，这不仅彰显了我国企业强大的自主创新能力和技术实力，也是国家政策引导和支持，以及全社会共同努力的结果。这些成就不仅为我国在全球5G竞争中赢得了先机，更为我们后续发展奠定了坚实基础。

当前，我国在5G应用领域的领先地位，为我们提供了一个前所未有的历史机遇——缩小与传统科技强国之间的差距，甚至在某些领域实现"弯道超车"。通过构建开放合作的5G应用产业生态，我们可以汇聚全球范围内的创新资源，形成优势互补、互利共赢的合作局面。在这个过程中，5G技术将作为强大的驱动力，推动各行各业向数字化、智能化、网络化方向转型升级，提升整体产业的竞争力和附加值。

此外，5G应用产业生态的完善还将对我国新一代信息科学技术的整体发展产生深

远影响。它将促进信息技术与其他领域的深度融合，催生出一系列新兴业态和商业模式，为我国经济社会的持续健康发展注入新的活力。同时，这一过程也将为我国培养更多具有国际视野和创新能力的人才，为中华民族伟大复兴的历史进程提供强有力的智力支持和人才保障。

（三）发挥基石作用，加速经济社会数字化转型

在数字经济时代的大潮中，信息通信业作为国民经济的战略性、基础性、先导性产业，其重要性日益凸显。它不仅扮演着万物互联、数据互通的角色，更是数字经济发展的坚实基石。面对全球数据资源的海量增长与应用场景的无限拓展，数字产业化和产业数字化的双轮驱动战略，离不开5G这一高效、智能的通信"底座"。我国深知此理，因此在5G等新型基础设施的建设上持续加大投入力度，旨在构建一个繁荣的数字生态系统，为新技术、新业态、新模式的孕育与成长提供肥沃的土壤。

从"3G突破"到"4G同步"，再到如今的"5G引领"，我国信息通信业实现了跨越式发展。这一成就的背后，是国家能力与制度优势的集中体现。它不仅彰显了我国在全球科技竞争中的领先地位，更为我国在新一轮科技革命和产业变革中抢占先机奠定了坚实基础。

新冠病毒感染疫情的暴发，虽然给经济社会带来了前所未有的挑战，但也意外地加速了各领域的数字化转型步伐。在这场突如其来的危机中，5G技术凭借其独特的优势，迅速与多种新兴技术融合，深入渗透到千行百业之中，成为支撑疫情防控和社会经济稳定运行的重要力量。一方面，疫情让企业界深刻认识到数字化转型的必要性和紧迫性。据权威调查，疫情后企业数字化转型的意愿显著增强。另一方面，疫情也极大地激发了5G的应用潜力，从高清视频通话到远程医疗，从智慧防控到在线教育，5G技术的广泛应用不仅提升了防疫效率，也极大地丰富了人们的日常生活，让5G的价值更加直观和具体。

目前，5G行业应用已在多个领域取得突破性进展，工厂、矿山、港口、医疗、电网、交通、安防、教育、文旅及智慧城市等数十个行业纷纷涉足5G，探索出了一系列具有广阔应用前景的商业模式和解决方案。这些成功案例不仅验证了5G技术的巨大潜力，也为5G的进一步普及和商业化奠定了坚实基础。

因此，加快推进5G网络建设，不仅是适应国家发展战略、满足经济社会需求的必然选择，也是推动产业升级、促进经济高质量发展的关键举措。在此过程中，我国应坚持适度超前的原则，紧密结合应用发展的实际需求，不断优化建网策略、运营策略和政策环境，努力降低部署与运营成本，以更加高效、经济的方式支持5G应用的广泛培育与深度发展。

三、社会环境

（一）5G 带动社会消费改变

随着 5G 网络覆盖范围的持续扩大，一场前所未有的 5G 换机浪潮正席卷全球消费市场，引领智能手机产业重焕生机。这一变革不仅体现在销售数据的显著增长上，更在于它深刻改变了用户的消费习惯与期待，推动了整个产业链的转型升级。

截至 2022 年 8 月，中国国内市场的手机出货量累计达到 1.75 亿部，其中，5G 手机以其卓越的性能、高速的网络连接能力及丰富的应用场景，赢得了市场的广泛青睐，出货量高达 1.38 亿部，占据了同期手机出货总量的 78.9%。这一比例不仅彰显了 5G 技术的快速普及，也预示着智能手机市场正加速向 5G 时代迈进。

与此同时，新机型的发布同样呈现出向 5G 转型的鲜明趋势。2022 年 1—8 月，共有 271 款新手机上市，其中 5G 手机占据了半壁江山，达到了 141 款，占比为 52.0%。这一数据不仅反映了手机厂商对 5G 技术的积极拥抱与投入，也预示着未来将有更多创新、高性能的 5G 智能手机面世，满足消费者对极致体验的追求。

在国产品牌方面，其表现更是令人瞩目。2022 年 1—8 月，国产品牌手机出货量累计达到 1.51 亿部，占据了同期手机出货总量的 86.3%，显示出国产手机品牌在国内市场的强大竞争力和广泛影响力。同时，国产手机在新机型发布上也占据了绝对优势，累计发布新机型 248 款，占比高达 91.5%。这不仅是技术创新实力的体现，更是对消费者需求的精准把握与快速响应。

5G 技术的快速发展不仅促进了智能手机产业的繁荣，还极大地推动了移动用户数据业务消费的增长。得益于 5G 网络的高速传输能力，超高清视频、AR/VR、云游戏等创新数字服务得以广泛应用，为用户带来了前所未有的沉浸式体验，从而显著提升了 5G 用户的每用户平均收入（ARPU）值。根据 2021 年上半年财报数据，中国移动、中国电信、中国联通等运营商的 5G ARPU 值均远超其移动用户的 ARPU 值，显示出 5G 用户的高消费能力和对高质量服务的强烈需求。其中，中国移动的 5G ARPU 值更是达到了 88.9 元，远超其移动用户的 ARPU 值 52.2 元。这一增长不仅扭转了自 2018 年以来的下降趋势，还预示着 5G 时代运营商盈利模式的转变与升级。

综上所述，5G 网络的快速发展与普及正深刻改变着智能手机产业及移动数据业务消费市场的格局，推动着整个行业向更加智能化、高端化、服务化的方向迈进。随着技术的不断进步和应用场景的不断拓展，我们有理由相信，5G 时代将为我们带来更加丰富多彩、便捷高效的数字生活体验。

（二）5G 创造更美好的数字生活

与 4G 技术相比，5G 凭借其卓越的大带宽、超低时延、海量连接及强大的融合能力，正引领新一轮移动互联网与物联网的创新浪潮，深度融合于各行各业，为人们的工作、学习及日常生活编织出一幅幅便捷与惊喜并存的未来图景。

1. 5G 重塑工作环境，筑牢安全防线

在 5G 技术的赋能下，高危行业的作业环境正经历深刻变革。智慧矿山作为 5G 融合应用的先锋领域，通过构建井下通信网络、实现智能监控与综采设备的远程操控，以及露天矿区的无人化作业，成功将工人从高风险环境中撤离至安全舒适的室内，推动了采矿作业的智能化转型，不仅降低了安全风险，更显著提升了作业效率。目前，全国已有超过 175 个矿山率先实现 5G 商用部署。智慧港口的发展同样迅猛，已有超过 89 个港口应用了包括高清视频传输、机械远程控制在内的 5G 技术，有效地改善了作业人员的劳动条件。此外，在炼钢车间等恶劣环境中，"5G+远程机械控制技术"的引入，为工人提供了更加安全的工作环境，全国已有 138 家钢铁企业受益于此。

2. 5G 赋能精准治理，探索智慧新路径

5G 技术的兴起为政府治理的精细化、智慧化转型开辟了新道路。一方面，"5G+无人机系统"在巡检监控、交通管理、应急响应等领域展现出巨大潜力，通过构建"边端网云服务"一体化系统，实现了无人机的远程操控与快速响应，为城市管理提供了高效工具；另一方面，"5G+视频监控系统"正逐步升级，结合边缘计算技术，使监控摄像头更加智能化，为城市治理增添了新的"智慧之眼"。同时，5G 还催生了多种无人监控设备的创新应用，如无人船在水务管理中的应用、智能识别垃圾桶在垃圾治理中的探索，以及公安执法记录仪的 5G 化升级，共同构建了更加智能、高效的治理体系。

3. 5G 驱动远程医疗，跨越时空限制

在医疗服务领域，5G 技术尤其是其在远程医疗方面的应用，成为提升人民健康福祉的重要力量。自新冠病毒感染疫情暴发以来，"5G+智慧医疗"快速发展，远程会诊、远程超声、远程急救等应用打破了地理与时间的界限，构建了线上线下一体化的医疗服务网络，让优质医疗资源得以更广泛、更便捷地服务于民。目前，全国已有超过 600 家三甲医院将 5G 技术应用于应急救援、远程会诊等场景，显著提高了医疗服务的效率与质量。

4. 5G 引领消费新风尚，开启生活新篇章

在消费级市场，5G 技术正引领一场前所未有的体验革命。从体验优化创新到交互应用创新，再到新型终端创新，5G 消费级应用正逐步走向成熟。初期，超高清视频、高帧率视频等应用基于 5G 网络特性进行了技术升级，为用户带来更加流畅的视觉享

受。随着智能手机等终端的普及与应用模式的创新，云游戏、AR/VR 等交互应用为用户提供了沉浸式体验，让虚拟与现实无缝融合。未来，随着 AR/VR 等新型终端技术的成熟与普及，基于"5G+新型终端"的创新应用将全面爆发，彻底改变我们的人机交互方式，开启一个充满无限可能的新生活时代。

四、技术环境

（一）5G 标准的制定

作为联合国专门负责电信事务的机构——国际电信联盟（ITU）在国际层面发挥着分配和管理全世界无线电频谱资源的核心作用。近年来，ITU 积极推进 5G 频谱规划工作，致力于通过为移动通信划分附加频段，来加速第五代移动网络（5G）的全面发展。这一举措不仅满足了移动通信技术日益增长的频谱需求，还推动了全球 5G 技术的标准化进程，为构建更加高效、智能的信息生态系统奠定了坚实基础。

在 ITU 的引领下，全球范围内多个国家和组织共同参与，对 5G 频谱进行了深入研究与规划。ITU 的无线电通信部门（ITU-R）发布的《5G 愿景》报告明确指出，5G 将满足增强型移动宽带（eMBB）、海量机器间通信（mMTC）以及超高可靠超低时延通信（uRLLC）三大应用场景的需求，并提出了相应的频谱需求和性能指标。这一愿景为各国制定 5G 频谱规划提供了重要参考。

与此同时，第三代合作伙伴计划（3GPP）也在积极推动 5G 标准的制定与完善。2020 年 7 月，3GPP 发布了 R-16 完整版标准，标志着 5G 第一个演进版本标准的正式完成。相较于 R-15 版本，R-16 不仅在技术上实现了显著增强，还首次明确了 5G 所承诺的"超低延迟"和"超高可靠性"两大关键能力，使 5G 能够更好地服务于物联网、自动驾驶等多元化应用场景。此外，R-16 还引入了新的频段资源使用原则，如非授权频段（NR-U）规范，为运营商提供了更灵活的频谱使用方式，进一步推动了 5G 网络的快速部署与商用。

ITU 与 3GPP 的紧密合作，以及全球各国和组织的努力，共同推动了 5G 频谱规划与标准的不断完善和演进。这些努力不仅为 5G 技术的快速发展提供了有力保障，也为全球数字经济发展注入了新的活力与动能。随着 5G 技术的不断成熟与普及，我们有理由相信，一个更加智能、高效、互联的未来正在向我们走来。

第五代移动网络（5G）标准化进度见图 2-1。

图 2-1　第五代移动网络（5G）标准化进度

国内企业在 5G 领域的核心研发与网络测试工作正以前所未有的速度顺利推进，不仅彰显了我国在 5G 技术上的深厚积累与创新能力，也标志着中国在全球 5G 竞赛中占据了领先地位。华为、紫光股份、中国移动等业界巨头凭借强大的技术实力和持续的研发投入，纷纷在 5G 关键技术突破、设备研发、网络部署与优化等方面取得了一系列令人瞩目的成果。这些成果不仅提升了我国 5G 产业链的自主可控能力，也为全球 5G 产业的快速发展贡献了"中国智慧"和"中国方案"。

在知识产权领域，我国 5G 标准必要专利份额的领先地位尤为引人注目。根据权威数据统计，我国在全球 5G 标准必要专利的持有量上高居榜首，这不仅是对我国企业在 5G 技术研发上不懈努力的肯定，也是科技创新实力和国际影响力的直接体现。特别是以企业为主体的 5G 专利占据了全球总量的 1/3，凸显了我国企业在 5G 技术创新中的主体地位和关键作用。其中，华为以其卓越的创新能力和深厚的技术底蕴，在 5G 专利数量上稳居世界第一，中兴通讯也紧随其后，位列第三，共同构成了我国 5G 专利领域的"双子星"。

此外，在 R16 这一 5G 演进标准的制定过程中，我国更是发挥了举足轻重的作用。R16 作为 5G 标准的第一个演进版本，其重要性不言而喻。我国主导的技术标准在 R16 标准中占据了显著位置，数量多达 21 个，占比超过 40%，再次证明了我国在 5G 技术标准制定中的领导力和影响力。这些技术标准的成功制定，不仅为我国乃至全球的 5G 产业发展提供了重要的技术支撑和保障，也进一步巩固了我国在 5G 技术领域的全球领先地位。

（二）标准演化

3GPP 作为移动通信标准制定的权威组织，采用版本迭代的方式管理其标准体系，通常每 15~18 个月推出一版新标准，旨在不断优化现有技术的效能，并前瞻性地融入服务于新兴业务与场景的前沿科技。2018 年 6 月，3GPP 里程碑式地发布了首个 5G 独立组网标准——R15，其核心聚焦增强移动宽带服务。这一版本目前正广泛部署于全球商用 5G 网络中。紧接着，2020 年 6 月，R16 标准横空出世，其亮点在于对低时延、高可靠应用的深度支持，以及对 5G 车联网、工业互联网等前沿领域的赋能。目前，3GPP 正加速推进 R17 标准的制定工作，该版本以差异化物联网应用及中高速大连接为核心目标，已于 2022 年 6 月面世。而 R18 标准的规划工作也已悄然启动，并于 2021 年 12 月确定了项目框架，已面向全球成员单位征集技术方案。

我国在 R16 标准版本的应用推广上展现出了高度的前瞻性和执行力。通过一系列技术试验，我国加速推动了 R16 标准产品的成熟化进程。R16 标准不仅拓展了垂直行业的应用范围，特别是在工业自动化、车联网、电力分配等领域，实现了空口时延短至 1 毫秒、可靠性高达 99.999 9%的突破，还通过支持时间敏感网络协议，将时延抖动控制在微秒级。为此，依托 IMT—2020（5G）推进组，我国在 2021 年启动了超高可靠低时延通信（uRLLC）技术试验，旨在深入探索 uRLLC 的典型应用场景需求，攻克关键技术难题，制定详尽的试验规范，明确系统与终端设备的性能指标，从而推动相关产品的快速落地。在该试验中，基于 Sub 6 频段，对华为、中兴通讯、中国信科、诺基亚贝尔等系统厂商，以及高通 X65、MTK M80、紫光股份 T7510 等终端芯片进行了全面的 uRLLC 性能测试。此外，华为与爱立信还利用毫米波试验系统，进一步拓展了 uRLLC 的测试边界。

展望未来，R17 版本将在巩固通信基础能力的基础上，进一步拓宽业务支持范畴。该标准不仅将深化传统领域的覆盖能力，利用中频和高频频谱资源、覆盖增强技术、非地面通信技术等手段，实现网络覆盖的深度与广度双提升，并支持更多频段上的多输入多输出（MIMO）技术。同时，R17 还将拓展至低功耗中高速物联网、亚米级定位、无线切片增强、AR/VR 增强等新兴业务领域，为行业应用提供更加丰富的功能选项。在智能化方面，R17 也将迈出坚实步伐，通过数据搜集的持续增强、自优化网络/最小化路测（SON/MDT）技术的引入，以及网络自动化的提升，为 5G 网络的智能化运维与管理奠定坚实基础。

（三）5G 专利分布

自 2017 年起，3GPP 正式拉开了 5G 标准首个版本制定的序幕。随着标准化进程的不断加快，全球企业及科研组织纷纷向 ETSI 专利数据库贡献并声明其认定的 5G 标准必要专利。截至 2021 年年底，全球范围内声明的 5G 标准必要专利数量已突破 64 900 件大关。其中，通过德温特全球专利检索系统检索到的专利数量接近 59 700 件，经 INPADOC 同族扩展后确认的有效全球专利族更是超过 46 100 项，彰显了 5G 技术领域的蓬勃活力。

从专利声明的趋势来看，2017 年作为 5G 标准制定的元年，其专利声明量尚处于起步阶段。然而，2018 年，企业声明的 5G 标准必要专利数量便实现了近 3 倍的增长，预示着 5G 技术创新的"井喷"之势。随着 5G Rel-15、Rel-16 标准的相继冻结以及

Rel-17 标准制定工作的稳步前行，2019—2021 年，年度 5G 标准必要专利声明量均超过万件，并保持持续增长的强劲势头。在德温特数据库中，这些专利中 45% 已获得授权，37% 处于公开状态，而剩余 18% 则因故失效，反映了专利保护与市场应用的动态变化。

在 ETSI 的 5G 专利声明舞台上，前十强企业凭借超过七成的有效全球专利族数量，牢牢占据主导地位，引领着全球 5G 创新的潮流。华为以 14% 的占比高居榜首，展现出强大的技术实力与创新能力；高通与三星紧随其后，分别以 9.8% 和 9.1% 的占比位列第二、第三位；LG、中兴通讯、诺基亚、爱立信、大唐、OPPO 及夏普等企业也跻身前十。尤为值得注意的是，这些企业中的授权专利族，绝大多数（98.6%）均在中、美、欧、日、韩五大知识产权局（IP5 局）中获得了至少一局的授权，凸显了全球专利布局的重要性与广泛性。华为更是在 IP5 局授权专利族中占据领先地位，占比高达 17.2%，三星与高通等紧随其后，共同构成了 5G 专利授权的精英阵容。

（四）5G 创新的主要方向

1. 无线接入技术与无线接入网

英国知名市场研究与咨询机构 Omdia 在 2020 年 10 月发布的权威报告中，深刻地揭示了全球 5G 技术发展的一个显著趋势：全球企业纷纷将目光投向了 5G 无线接入网（RAN），提交的提案数量遥遥领先。这一现象不仅凸显了 RAN 在 5G 时代无可争议的核心地位，也充分展示了全球科技行业对于提升无线接入技术的坚定决心。

RAN 作为 5G 网络的关键基石，其重要性不言而喻。它负责制定从底层物理层技术直至高层协议（包括层 2 和层 3），以及整体网络架构与接口标准。物理层作为数据传输的起点，其技术的先进性与成熟度直接关系到数据传输的效率与可靠性，是确保 5G 网络高速、稳定运行的基石。而层 2 与层 3 则在此基础上，进一步强化了无线资源的智能管理、服务质量（QoS）的精细控制以及通信安全性的全面保障，为上层应用的多样化与高性能提供了坚实的支撑。此外，报告还特别强调了网络架构统一、射频性能持续优化以及终端测试严格实施的重要性。这些方面不仅是确保 5G 网络高效、稳定运行的关键环节，也是推动 5G 技术不断发展的重要因素。

从专利数据的角度来看，无线接入技术领域的创新活跃度同样令人瞩目。据统计，高达 84.2% 的有效全球专利族都涉及了这一领域，其中 81.6% 的专利族已经获得授权。这一数据不仅彰显了无线接入技术领域的蓬勃生机与巨大潜力，也充分证明该领域在全球技术创新与商业价值创造方面的卓越表现。

2. 5G 架构和服务

5G 架构和服务（SA）作为 3GPP 系统中的核心驱动力量，其角色无可替代。它不仅负责绘制出 3GPP 系统架构的宏伟蓝图，确立系统能够提供的服务能力标准，还扮演着跨技术规范组之间沟通与协作的桥梁，确保各技术组件间的无缝对接与高效协同。SA 技术规范组的工作深入 5G 技术的核心，组内成员紧密跟踪市场需求，精准捕捉 5G

业务的每一个细微需求点，进而通过创新性的思维，设计出既具有前瞻性又实用的技术解决方案，为 5G 技术的广泛应用奠定了坚实的基础。

在这一过程中，SA 的决策至关重要，它需要对 RAN 与核心网（CN）两大关键组成部分的功能边界进行清晰界定，以确保它们各自能够专注于自己的专业领域，从而实现技术的最优化发展。随后，SA 会将这些功能划分的结果作为指令传达给 RAN 技术规范组和 CT 技术规范组，由它们负责具体实施，共同推动 5G 技术的进步。

从专利数据的视角审视，5G 架构与服务技术领域展现出了极为强劲的创新活力。高达 11% 的有效全球专利族汇聚于此，这不仅彰显了全球科技界对于该领域的浓厚兴趣与高度关注，也预示着一场技术革命的蓬勃兴起。更为引人注目的是，该领域内授权专利族的比例高达 11.7%，这一数字远超其他技术领域，充分证明了 5G 架构与服务技术在全球范围内的技术创新实力与商业价值。这一趋势预示着 5G 技术将为全球经济带来新的增长点，并开启一个全新的数字时代。

3. 核心网与终端技术规范

核心网与终端技术规范的主要作用是确立终端接口（涵盖逻辑与物理层面）、终端性能特性以及 3GPP 系统核心网部分的标准化规范。这些与 TSG RAN 针对无线接入部分的规范及 TSG SA 负责的业务需求相结合，共同构建了终端技术的全面要求框架。在专利数据方面，核心网与终端技术领域吸引了 4.8% 的有效全球专利族，且该领域的授权专利族占比达到了全部授权专利族的 6.7%，显示出其技术创新的重要性与市场关注度。

就具体企业而言，在无线接入技术及无线接入网领域内，华为以最多的授权专利族数量领跑，随后是三星、高通、LG、爱立信、中兴通讯、诺基亚、大唐、OPPO 和夏普等企业。而在 5G 架构与服务领域，华为同样占据榜首，其后依次为诺基亚、三星、高通、爱立信、大唐、中兴通讯、夏普、OPPO 和 LG。转至核心网与终端领域，诺基亚则成为拥有最多授权专利族的企业，华为紧随其后，三星、LG、中兴通讯、高通、夏普、爱立信、OPPO 和大唐等企业也位列其中。这些企业间的专利布局，不仅反映了它们在各自技术领域的领先地位，也揭示了 5G 技术发展的多元化竞争格局。

第三章

5G 产业链分析

5G 产业以其深长的产业链和广泛的跨领域特性著称，并对上下游相关行业产生了显著的拉动与促进作用。产业链的上游涵盖了无线设备与传输设备的多个关键环节，如基站天线、射频模块、基带芯片、小基站等构成无线设备体系，而光器件与光模块、光纤光缆以及 SDN/NFV 解决方案等构成传输设备的重要部分；产业链的中游则聚焦电信运营商的核心运营环节；产业链的下游则覆盖了终端设备，如可穿戴设备、车联网系统、VR/AR 设备等，以及各类应用服务提供商。

目前，5G 产业正处于建设期的高速发展阶段，这一阶段的显著特点是上游领域正经历着由 5G 网络架构革新所引发的深刻变革。在这次变革中，材料的选择与技术的创新均展现出新的趋势与方向，整个上游产业链正处于一个动态调整与重塑的关键阶段。

5G 产业链上下游图谱见表 3-1。

表 3-1   5G 产业链上下游图谱

器件/芯片/材料		设备/传输/网络		运营商/终端		应用		
芯片及模组		主设备商				物联网		
芯片	海思	基站	中兴通讯	终端		模块		高新兴
	中兴微电子		华为					广和通
	MTK	传输设备	烽火通信					移为通信
	大唐电信		中兴通讯			平台		宜通世纪
	展讯	网管		数据通信终端	中兴通讯	工业互联网		东土科技
光器件			华为		烽火通信			佳讯飞鸿
光模块/器件	光迅科技		中兴通讯		华为	智慧城市		旋极信息\航天信息
	天孚通信	SDN/NFY	紫光股份		OPPO/VIVO	智慧医疗		宜通世纪
	中际装备		赛特斯		小米	车联网		
	新易盛		烽火通信	多媒体终端	乐视网			
	博创科技		星网锐捷		鹏博士	自动驾驶		盛路通信\国脉科技
射频器件		网络工程	宜通世纪	ODM/OEM	特发信息			四维图新\亚太股份
射频器件	大富科技		日海通讯		卓翼科技	导航地图		路畅科技\索菱股份
	武汉凡谷		超讯		凯乐科技			华力创通\中海达
	春兴精工		海格	运营商			VR/AR	
射频电缆	金信诺		富春通信			内容应用		乐视网
铁塔	梅泰诺	网络优化	亿阳信通	运营商	中国移动			中海达
	麦捷科技		邦讯技术		中国电信			海格通信
手机滤波器/天线/PA	信维通信		世纪鼎利		中国联通			川大智胜
	硕贝德		三维通信		中国广电	交互系统		中科创达
								华凯创意

资料来源：笔者根据公开资料整理而成。

一、上游产业链：结构变革推动核心部件升级

（一）印刷电路板：量价提升，迎来发展新机遇

1. 印刷电路板的关键材料及产业概况

（1）5G 通信对印刷电路板基板材料的要求。

在 5G 通信领域，印刷电路板（PCB）基板材料，特别是覆铜板所使用的树脂及配套胶黏剂，扮演着决定高频 PCB 基板材料性能的核心角色。这些材料作为填充与增强的关键元素，直接关乎 PCB 基板材料的整体效能。鉴于 5G 技术所承载的海量数据、高频发射需求以及向多层高集成设计的演进趋势，PCB 基板材料必须达到一系列高标准，包括高耐热性、卓越散热性能、紧凑化设计以及轻量化构造。

不仅如此，5G 通信的广泛应用场景，如基站建设、通信网络配套设备、数据中心设施以及测试测量仪器等，均对 PCB 基板材料提出了多功能性与高度可靠性的新要求。这意味着，PCB 基板材料需要在不同环境下保持稳定性能，确保通信系统的整体稳定运行。

针对 5G 高频/高速 PCB 基板材料，行业特别强调了低介电常数、低介电损耗、低热膨胀系数以及高导热系数等关键性能指标。当前市场上，以聚四氟乙烯（PTFE）热塑性材料和碳氢树脂（PCH）类热固性材料为代表的高性能硬质覆铜板，因其在低介电性能上的卓越表现而占据主导地位。同时，智能手机领域尤其是"苹果"系列，则倾向于采用改性聚酰亚胺（MPI）和液晶聚合物（LCP）等挠性覆铜板，以满足产品对灵活性与高性能的双重追求。

此外，随着材料科学的不断进步，诸如双马来酰亚胺（BMI）、三嗪树脂（BT）、氰酸酯（CE）、聚苯醚（PPE）、苯并环丁烯（BCB）和苯并恶嗪（BOZ）等新型高频/高速 PCB 基板材料相继问世，极大地丰富了市场选择，推动了覆铜板种类超过 130 种的多样化发展。

5G PCB 基板材料 6 层级对应树脂分类见图 3-1。

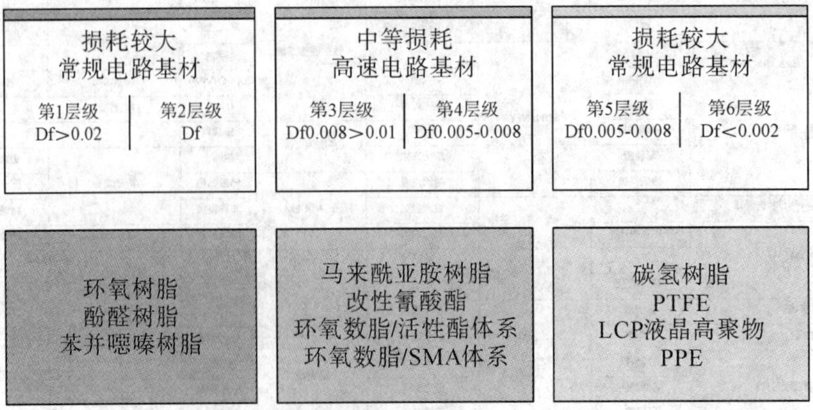

损耗较大常规电路基材		中等损耗高速电路基材		损耗较大常规电路基材	
第1层级 Df>0.02	第2层级 Df	第3层级 Df0.008>0.01	第4层级 Df0.005-0.008	第5层级 Df0.005-0.008	第6层级 Df<0.002
环氧树脂 酚醛树脂 苯并噁嗪树脂		马来酰亚胺树脂 改性氰酸酯 环氧数脂/活性酯体系 环氧数脂/SMA体系		碳氢树脂 PTFE LCP液晶高聚物 PPE	

图 3-1 5G PCB 基板材料 6 层级对应树脂分类

（2）PCB 的关键材料及产业概况。

①聚四氟乙烯（PTFE）。

PTFE 以其卓越的介电性能，在高频/高速基板树脂材料中占据领先地位，被视为技术最为成熟且能够应用于极端高频（如毫米波段）的少数电路基材之一。其出色的热稳定性和自阻燃特性也为其增色不少。在工业生产中，PTFE 树脂的制备主要通过悬浮聚合与乳液聚合两种方法来实现，其中乳液聚合法因其产品的广泛应用而更受青睐。然而，由于 PTFE 树脂分子具有独特的惰性特性，传统的熔融加工等覆铜板制造方法并不适用。为此，科学家们开发了四氟乙烯单体与少量（3%~5%）全氟烷氧基乙烯基醚的共聚物（PFA）。该材料不仅支持熔融加工，还在耐折性和机械强度上超越了纯PTFE。因此，当前市场上大多数 PTFE 类基板材料均基于 PFA 可熔融加工氟树脂或与纯 PTFE 树脂的混合配方。

为了进一步提升 PTFE 基板的性能并降低成本，生产过程中还会采用低介电陶瓷粉末和玻纤布进行增强改性，以增强多层板加工的可靠性。遗憾的是，目前 PTFE 树脂乳液聚合技术的核心专利主要掌握在美国、日本及欧洲等少数几家大公司手中，如 Ausiment、杜邦、大金等，我国在该领域的产量极低，且产品质量与国际先进水平存在一定差距。因此，我国每年须大量进口这种高附加值的高端氟树脂以满足市场需求。

在 PTFE 基板产品领域，美国的 ARLON AD350A/25N 系列、Rogers RO3000 ©系列以及 Taconic TLY5A/RF-30/RF-35A 系列等产品备受推崇。而在我国，广东生益、浙江华正等企业也在积极研发与生产 PTFE 基板，以逐步缩小与国际品牌的差距。

②碳氢树脂（PCH）。

PCH 是一种仅由碳（C）和氢（H）两种元素构成的不饱和聚合物，其介电性能极为出色，属于热塑性聚合物范畴。在高频覆铜板的制造过程中，为了增强其性能并降低成本，同样需要掺入低介电常数的陶瓷粉末和玻纤布进行复合改性，并通过交联处理实现向热固性材料的转变。当前，市场上用于高频覆铜板制造的 PCH 体系主要包括 1，2-聚丁二烯体系、苯乙烯/二乙烯基苯共聚体系、聚丁苯（SB、SBS）共聚体系、三元乙丙共聚体系、SI 与 SIS 共聚体系、PPO 改性 SI 及 SIS 共聚体系、PPO 改性聚丁苯体系，以及环烯共聚物（如 COC、DCPD）体系等。

然而，这些先进的 PCH 生产技术高度集中于少数几家国际巨头手中，如美国的沙多玛、科腾公司，德国的 TOPAS 公司，以及日本的曹达、旭化成等公司，形成了技术垄断。相比之下，我国在这一领域尚未实现同类 PCH 的自主生产，PCH 的研发水平与国际先进水平之间仍存在一定差距。

在 PCH 产品方面，美国的 Rogers RO4000 ©系列以其卓越的性能脱颖而出，其主要由 1，2-聚丁二烯体系或 SBS/SEBS 体系制成。尽管如此，我国的一些企业，如浙江华正、广东生益，以及联茂、台耀、台光等台资企业，已经在这一领域取得显著进展，不仅申请了大量相关专利，还成功推出了具有竞争力的 PCH 产品，逐步缩小了与国际品牌的差距。

③液晶聚合物（LCP）。

LCP 以其卓越的物理和化学特性著称，包括高强度、高模量、出色的耐热性、低介电常数，以及卓越的耐弯折、耐化学腐蚀、耐老化、抗高辐射和优异的成型加工能力。这些特性使得 LCP 以薄膜或复合材料的形式，在汽车航空、电子电器、光学元件及日常消费品等多个领域得到了广泛应用。特别地，由 LCP 薄膜制成的高频/高速挠性覆铜板已成功跻身苹果手机的供应链中。

然而，LCP 的生产技术门槛极高，对分子量的精确控制、杂质的严格控制以及生产设备的先进性都有着极为严格的要求。因此，目前 LCP 市场主要由美国和日本的企业主导，如美国的塞拉尼斯和杜邦，以及日本的宝理塑料、住友、东丽、新日本石油化学和上野等，其中塞拉尼斯、宝理塑料和住友三家的产能合计占据了全球总产能的 70%。

在 LCP 薄膜领域，由于其独特的成膜技术，市场更是被可乐丽、伊势村田制作所和 Superex 等少数几家企业牢牢把控，且在全球范围内，仅有日本可乐丽公司向外界销售 LCP 薄膜。这种供应链的高度封闭性，使得新进入者难以获得高质量的膜级 LCP 树脂，从而加剧了市场竞争的壁垒。目前，市场上最为成功的组合包括宝理—可乐丽（吹膜）—松下电工，以及宝理—村田（双拉），同时住友也在与千代田等企业紧密合作，共同推进 LCP 技术的研发与应用。

LCP 挠性覆铜板的生产企业则更是凤毛麟角，仅有伊势村田制作所、松下等少数几家企业能够涉足。相比之下，我国在电子级 LCP 树脂和薄膜的商业化进程中，相较于日美企业存在一定的滞后性。不过，近年来，随着苹果手机等高端电子产品对 LCP 基材的采用，国内也涌现出了一些积极投身于 LCP 研发与应用的企业，如金发科技、广东生益、东材科技、普利特、沃特以及中国科学院化学研究所等，它们正处于技术突破与产品验证的关键阶段。

④聚苯醚（PPE）。

PPE 展现出了卓越的综合性能，尤为显著的是其优异的介电、力学和热学特性。然而，其热塑性加工能力相对较弱，需要通过物理共混或化学改性手段来加以改善。目前，在制备 PPE 基覆铜板的过程中，广泛采用的是有机溶液法，该方法利用 E-玻纤布对 PPE 改性材料进行增强处理，进而制得半固化片。随后，将这些半固化片叠加并进行压制，最终得到成品覆铜板。

在高频覆铜板（CCL）领域，PPE 树脂的主要供应商包括沙特阿拉伯的 SUBIC、日本的旭化成和三菱瓦斯，以及中国台湾的晋一化工等知名企业。这些供应商能够提供低分子量、带有活性端基且可溶的 PPE 树脂产品，以满足市场对高性能高频 CCL 材料的需求。

⑤热固性氰酸酯树脂（CE）、双马来酰亚胺三嗪（BT）树脂。

CE 在电子电器与微波通信领域内占据着举足轻重的地位，它不仅是高性能高频/高速覆铜板及芯片封装基板材料的优选基体，还作为一种创新的电子与绝缘材料而备受瞩目。CE 固化后，展现出了卓越的高温力学性能、优异的耐热性与尺寸稳定性、强大的阻燃与黏结能力，以及出类拔萃的电性能，其宽频带特性更是令人瞩目。因此，CE 以多样化的形式，如结构组件、复合泡沫塑料、涂料及胶黏剂等，广泛应用于航空、航天、航海、军事等高科技领域。

为了进一步提升 CE 在高速覆铜板中的应用效能，国内外研究者已开发多种 CE 类基体树脂，并通过与双马来酰亚胺（BMI）、环氧树脂、PPE、有机硅等树脂的共聚改性技术，实现了性能的全面升级。其中，CE/BMI 体系树脂凭借其综合性能的卓越表现脱颖而出。

此外，BT 基板材料以其卓越的介电特性、耐热性以及对金属离子迁移的强抵抗力而著称。特别是在高温环境下，其弹性模量、抗弯强度、表面硬度及铜箔黏接强度等关键性能均展现出超乎寻常的稳定性，远优于其他树脂基板材料。在集成电路封装基板领域，BT 基板材料不仅提升了高密度布线的效率与芯片安装的工艺加工性，还极大地增强了绝缘可靠性，因此拥有该领域材料市场的显著份额。

回溯历史，日本三菱瓦斯自20世纪70年代起便致力于 CE 及 BT 的研发，并率先实现了这些材料的商业化应用。该公司凭借其独特的合成与改性技术，使得 BT 在集成电路封装基板领域的应用持续保持领先地位，形成了全球范围内无可匹敌的行业地位。

⑥其他。

除上述几种低介电的树脂外，还存在一种针对中等介电需求而优化的改性环氧树脂（MEP），并且，随着技术发展，还涌现出了如改性聚酰亚胺（MPI）、苯并环丁烯（BCB）、苯并恶嗪（BOZ）以及有机硅等新型高频/高速覆铜板基体材料。改性环氧树脂通过融入低介电高性能树脂及极性降低助剂，专为中等介电要求的基板而设计。其中，双环戊二烯（DCPD）酚环 EP 与 DCPD 酚活性酯体系作为低介电改性 EP 的典范，已成功应用于高频覆铜板基材及封装板基材的关键领域，此类 EP 及配套活性酯固化剂的主要生产商包括日本的 DIC（大日本油墨）和韩国的 ShinA（信亚）。

面对 LCP 类挠性覆铜板在苹果手机等应用中原料供应受限的挑战，MPI 类挠性覆铜板基材作为新一代产品应运而生，其在中低频段的性能与 LCP 相媲美，同时提供了更为经济合理的价格选项和更广泛的来源渠道。

BOZ 作为一种创新的酚醛树脂，以其优异的介电性和阻燃性著称。然而，复杂的加工过程一度限制了其广泛应用。但值得注意的是，近期在主链型 BOZ 方面的突破为其带来了良好的应用前景。

至于 BCB，其综合性能卓越，已在国外微电子、航天、军事等尖端技术领域得到广泛应用，特别是在液晶显示器封装和电子芯片领域。其中，含硅衍生的 BCB 在高端电子封装材料中占据重要地位，并在覆铜板领域内拥有极大的应用潜力。

2. PCB 的市场需求情况

进入 5G 时代，随着数据交换速度的急剧提升，背板和单板对高速材料的需求不仅在层数上有所增加，其使用量也显著增加。市场数据表明，5G 基站内的馈电网络和天线振子均高度集成于 PCB 之上，且这两者的面积大致等同于主板的面积。以华为提供的 64R 基站规格为例，其长 0.6 米，高 0.4 米，据此推算，天线振子与馈电网络组合占据的面积约为 0.5 平方米。整体而言，5G 基站 AAU 中的 PCB 总面积可达 0.9 平方米，这一数值是 4G 时代 RRU 中 PCB 面积的 4.5 倍。为了满足这一需求变化，背板及单板的构造层数将从原先的 18~20 层提升至 20~30 层，这要求所使用的覆铜板材料必须从传统的 FR4 升级为性能更为卓越的高速材料，如 M4/6/7 系列。因此，每平方米的覆铜板价格相较于以往有了明显的增长。

展望未来，PCB 制造商将显著受益于 5G 技术推动的高频高速 PCB 需求的激增。回顾 2017 年，全球 PCB 市场规模已达到 588 亿美元，其中通信（包括终端设备）市场占据约 150 亿美元份额。基于现有估算，5G 技术对 PCB 的需求规模预计将是 4G 时代的 3 倍多。作为 PCB 生产的关键原材料，高频覆铜板在未来三年将见证其需求量的大幅增长，有望达到 15 倍的增幅。

鉴于高频高速基材的价格显著高于传统的 FR-4 基材，价格差异在 10~40 倍，这进一步凸显了高频基材市场的价值潜力。因此，2018—2025 年，国内 5G 基站天线所需的高频基材累计需求量将达到 338 亿元。

（二）基站天线振子：市场规模将达 100 亿元

天线振子在基站中扮演着至关重要的角色，它负责增强并引导电磁波的传播。鉴于 5G 毫米波技术的高传输损耗和短距离特性，单个基站的覆盖范围受限，促使基站部署密度增加。同时，MIMO 技术的演进至 Massive MIMO，导致天线数量急剧增加，天线设计也从 4G 时代的多端口天线转变为更为紧凑的密集阵列布局，这对天线提出了轻量化、小型化、低成本的新要求。传统钣金、PCB 贴片振子因重量大、成本高及安装复杂，已难以满足 5G 基站的需求，因此，具备轻质、高精度、高集成度、良好可塑性和成本效益的塑料振子成为 5G 基站天线的理想选择。

在众多塑料材料中，PPS（聚苯硫醚）因其卓越的综合性能脱颖而出，包括耐高温、优异的介电性能、出色的尺寸稳定性、阻燃性、化学稳定性和电镀性能，特别是在极端温度（-40℃~130℃）下仍能保持低线性膨胀系数，使其成为 5G 基站天线振子的优选材料。PPS+40%玻纤复合材料结合 3D 打印与选择性激光电镀技术，不仅大幅减轻了天线振子的重量（仅为金属振子的 1/10），还显著提升了集成度（如 1×6 振子尺寸紧凑），同时改善了塑件稳定性、提高了生产良率和射频性能，并简化了天线装配测试流程。PPS 塑料振子尤其适用于宏基站等大型设备，其性能优势和加工效率使其成为 5G 天线振子技术的主流方向。

全球 PPS 产业呈现高度集中态势，主要生产商集中在日本、美国和中国，其中日本占据全球产能的近半壁江山，前五大生产商更是占据了超过一半的全球市场份额。在中国，PPS 材料供应商正积极参与 5G 天线振子的量产进程。随着 5G 基站建设规模的迅速扩张，预计我国 5G 宏基站数量将达到 4G 基站的 1.2~1.5 倍，约 600 万座，基于每座基站 3 个扇区、每扇区 64 通道、单个塑料振子成本 6~10 元的估算，我国 5G 宏基站塑料振子市场规模有望达到 100 亿元。

（三）基站天线罩：低端材料产能过剩，高端对外依赖度高

天线罩作为信号传输系统的守护者，须抵御外界环境的侵扰，故对其材料的力学强度和耐候性能提出了高标准。在 5G 时代，随着工作频段从单一向宽频乃至多波段全频带扩展，天线罩材料还须展现出色的透波能力和低吸收特性，以应对毫米波传输中更易发生的能量损耗问题，同时对材料的介电性能提出了更为严苛的要求。此外，为契合 5G 天线设计的轻量化、小型化及高度集成化趋势，天线罩材料亦需要向更轻、更环保的方向演进，传统的热固性玻璃钢材料在此方面显得力不从心。

1. 聚碳酸酯

聚碳酸酯（PC）作为五大工程塑料中增速领跑的佼佼者，凭借其卓越的物理性能，包括高强度、高弹性模量、优异的冲击韧性、良好的耐候性、电气绝缘性、稳定的尺寸控制以及宽广的使用温度范围，成为替代传统材料的潜力股。然而，普通 PC 的应用场景仍受一定限制，通过先进的改性技术，PC 材料能够兼具低介电常数、低传输损耗、高抗冲击性能以及较强的阻燃性、耐候性和尺寸稳定性，并通过挤出成型工艺完美适配 5G 基站天线罩的制造需求。

从全球视角看，PC 生产的核心力量集中在北美、西欧及东北亚，特别是亚洲需求量的激增，推动了全球 PC 产能的迅速扩张，并促使生产重心向亚洲尤其是中国转移。近年来，我国 PC 产能实现了飞跃式增长，2019 年总产能跃升至 166 万吨，同比增长31.7%，产量逼近百万吨大关，同比增长 34.2%，国内自给率接近 50%，供需缺口显著缩小。然而，值得注意的是，由于核心技术自主性的不足，我国新增 PC 产能多以中低端产品为主，难以迅速有效替代进口产品，加之下游需求增速的放缓，预计未来几年，PC 市场将面临产能过剩的挑战。预计到 2025 年，我国 PC 产能将超过 520 万吨，而表观消费量预计为 300 万~330 万吨，产能增速将远超需求增速，市场竞争态势预计将更加激烈。

2. 聚丙烯

聚丙烯（PP）材料因其卓越的机械强度、出色的绝缘与耐热性能，加之极低的介电常数和损耗，在温度与频率波动下仍能保持稳定，同时其低密度、低吸水率以及经济实惠的价格，赋予了它极高的性价比，成为制造基站天线罩的理想选择。PP 天线罩

的制备常采用玻纤增强技术，通过混合 PP 树脂、低介电玻璃纤维、中空玻璃微珠等填充物及增韧改性剂，经挤出造粒后，再运用注塑、挤出或模压成型工艺制成。以华为5G 基站为例，其采用的 PP 天线罩相比于传统玻璃钢材质减重达 40%，不仅简化了吊装过程，还显著降低了安装成本。

近年来，丙烷脱氢（PDH）与甲醇制丙烯技术的飞速发展，极大地推动了 PP 产能的扩张。在我国，甲醇制聚丙烯产能已占总产能的 32.5%，PDH 制聚丙烯产能也达到了 9.0%，而油制聚丙烯产能占比则降至 58.5%。我国 PP 生产装置主要集中于西北、华北、华南地区，生产企业以中国石化、中国石油和神华集团为主，中国石化茂名分公司、中国石油独山子石化分公司及中国石化镇海炼化分公司为产量前三名。尽管如此，我国 PP 产量仍难以满足市场需求，依赖进口情况依然严峻，2019 年 PP 进口量达349.09 万吨，同比增长 6.4%，进口依赖度为 13.11%。进口 PP 多为专用料，尤其是高端汽车配件等用料，多以来料加工形式进口，对产品质量与附加值要求颇高。

我国在 PP 专用料的研发上亦取得显著进展，成功开发了多种应用于不同领域的专用料，如高模量 PP 结构壁管材、中熔指高结晶 PP、中高熔抗冲 PP 等。特别值得一提的是，中石化镇海炼化已成功开发出应用于汽车内饰、隔热材料及包装的 PP 专用料E02ES，并首次实现了在聚丙烯发泡材料及 5G 天线罩上的应用，预示着未来将有更多针对 5G 天线罩的 PP 专用材料问世。

3. 丙烯酸酯 - 苯乙烯 - 丙烯腈共聚树脂

丙烯酸酯 - 苯乙烯 - 丙烯腈共聚（ASA）树脂因其卓越的耐候性、耐高温性能及良好的加工性，正广泛应用于汽车、家电、建筑等领域。在 5G 天线罩的应用中，ASA树脂需要经过特殊改性处理，如添加玻璃纤维、空心玻璃微珠等，以降低介电常数并提升耐候性。其一次成型工艺简化了加工流程，消除了多层天线罩的界面结构，有效地降低了电磁波损耗，确保了天线罩的透波性能。全球 ASA 树脂市场主要由 LG、乐天、锦湖石油化学及英力士、SABIC 等国际巨头主导，而中国市场正逐步崛起为 ASA树脂的重要消费地。尽管我国在 ASA 树脂生产技术上尚存差距，但跨国公司通过在中国设立独资或合资企业，正进一步拓展中国市场，如锦湖日丽等企业的加入，将推动国内 ASA 树脂产业的快速发展。

（四）射频半导体器：日美领先，我国取得一定进展

1. 关键材料及产业概况

在 5G 通信的推动下，移动通信基站对带宽的需求急剧攀升至 1 GHz，这促使全频谱接入、大规模天线技术及载波聚合等无线技术必须依赖更多、更高功率密度的射频器件来实现。因此，5G 基础设施对射频半导体器件提出了严格的硬性标准，包括大带宽、高效率密度、高线性度、紧凑体积、轻量化以及成本控制。传统的以 LDMOS 和GaAs 为主要材料的技术，在带宽、功率密度、能效、线性度、成本及空间优化等方面已难以满足 5G 系统的严苛要求。

在此背景下，以碳化硅（SiC）和氮化镓（GaN）为代表的第三代半导体材料凭借其卓越的带隙宽度（Eg≥2.3eV）、高击穿电压、优异的耐压耐高温特性，成为制造大功率/高频电子器件、耐高温/抗辐照器件及短波长光电子器件的关键材料。特别是其高频大功率应用的品质因数，远超硅（Si）和砷化镓（GaAs）。SiC 在高频、高温、高压环境下表现尤为出色，其生产过程涵盖 SiC 单晶生长（作为衬底）、外延层生长及最终的器件制造。目前，国际 SiC 衬底正向 6 英寸迈进，甚至已有 8 英寸导电型产品问世，而我国则以 4 英寸产品为主。在外延层领域，我国东莞天域、瀚天天成等企业已能提供 4~6 英寸产品。在 SiC 器件方面，如 600~1700V SiC SBD 和 MOSFET 已在全球实现产业化，但主流产品耐压多集中在 1 200V 以下，并采用 TO 封装。

全球 SiC 产业呈现美、日、欧三足鼎立的格局，美国占据主导地位，产量占比高达 70%~80%，代表企业包括 Cree、Ⅱ-Ⅵ、Transphorm、道康宁等。欧洲则拥有从 SiC 衬底到应用的完整产业链，以英飞凌、意法半导体、IQE 等企业为代表。日本则在模块和设备开发上领先，富士电机、三菱电机、罗姆半导体等企业引领行业发展。我国 SiC 产业也在快速发展，山东天岳、天科和达、泰科天润、深圳基本半导体、东莞天城等企业成为主要参与者。

此外，氮化镓（GaN）因其低导通损耗和高电流密度特性，在减少电力损耗和散热负载方面表现卓越，广泛应用于变频器、变压器、无线充电、稳压器等领域。由于 GaN 缺乏天然的本体衬底且体晶生长困难，因此常在蓝宝石、硅、碳化硅等异质衬底上生长单晶薄膜。其中，碳化硅基氮化镓（GaN-on-SiC）因 SiC 的稳固性、高热导性及与 GaN 晶格的良好匹配性，展现出更高的耐热性、更低的损耗和更高的功率。而硅基氮化镓（GaN-on-Si）则因 Si 材料成熟的生产应用技术，仍吸引大量射频器件研发，并已获得高质量的材料与器件。

射频 GaN 器件的制备依赖于 GaN 与异质材料形成的异质结，在结界面产生极化电子气，显著提升电子迁移率，这种技术被称为高电子迁移率晶体管（HEMT）。GaN HEMT 已成为 5G 宏基站功率放大器的主流候选技术，正不断探索新型异质结构和添加异质薄层以优化性能。目前，AlGaN/GaN 是主流的异质结材料，以其高耐压和宽禁带特性，展现出强大的极化效应。在氮化镓专利领域，日本、中国、美国、韩国位列全球前四，我国专利占比达 23%，显示出一定优势。然而，从技术与产品发展的角度看，美、日、欧企业仍占据主导地位。SiC 衬底市场主要由日本住友电工掌控，在全球市场的份额超过 90%，主流产品集中在 2~3 英寸，而 4 英寸产品已实现商用。在外延片生产方面，比利时的 EpiGaN、日本的 NTT-AT、英国的 IQE 等企业领先，产品覆盖 GaN-on-Si 和 GaN-on-SiC，其中后者尺寸分别可达 4 英寸和 6 英寸。在器件层面，射频器件与电力电子器件的生产企业包括美国的宜普、Transphom、Navitas 以及德国的 Dialog 等。

2. 市场及需求情况

射频器件广泛应用于基站、卫星通信、雷达等多个市场领域，涵盖了功率放大器、低噪声放大器、单片微波集成电路以及开关器等关键产品。在全球氮化镓射频器件的独立设计生产供应商（IDM）中，日本住友电工与美国 Cree 公司凭借超过 30% 的市场占有率，稳居行业领先地位。紧随其后的是美国的 Qorvo 和 MACOM，同时，美国 II-VI、日本三菱电机、德国英飞凌、法国 Exagan 以及荷兰 NXP 等也是该领域的佼佼者。特别地，在无线通信领域，住友电工凭借其显著的市场份额，成为华为公司 GaN 射频器件的主要供应商。

近年来，我国 GaN 产业取得了显著进展。在衬底生产上，2 英寸产品已实现小规模量产，4 英寸产品也已具备生产能力，主要生产企业包括纳维科技和中镓半导体。在外延技术方面，苏州晶湛和聚能晶源已成功开发出 8 英寸硅基外延片。至于器件制造，目前我国仍以 IDM 模式为主，苏州能讯是这一领域的代表性企业。同时，行业内开始显现分工趋势，芯片设计由华为海思、安谱隆半导体和中兴微电子等企业承担，而代工服务则由三安集成、海威华芯等企业提供。

当前，LDMOS、GaAs 与 GaN 三分射频器件市场。然而，展望未来 5~10 年，GaN 技术有望逐步取代 LDMOS，成为 3 瓦及以上射频功率应用的主流选择。而 GaAs 则因其在小基站和国防市场的持续增长需求，预计市场份额将保持相对稳定。随着 5G 网络的广泛部署与普及，预计到 2030 年，GaN 市场规模有望突破 30 亿美元大关。

（五）高导热石墨膜：美日技术较为成熟，我国企业快速发展

5G 通信技术的飞跃式发展，一个不容忽视的问题是电子元器件的发热量急剧增加，这一特性直接导致了功耗的大幅攀升，从而对散热系统提出了更为严苛的要求。在基站层面，5G 的功耗相较于 4G 而言，提升了 2.5~3.5 倍，且伴随设备的小型化与轻量化趋势，如何在有限的空间内有效降低传热热阻，成为亟待解决的技术难题。而在智能手机领域，由于 5G 芯片的引入，以及 OLED 屏幕、可折叠屏、无线充电等创新技术的融合，电子元器件产生的热量显著增加，加之机身材质的变革与内部结构的紧凑化设计，更是加剧了散热的复杂性，亟须采用更高导热性、更低热阻的散热材料来应对。

1. 高导热石墨膜：散热领域的明星材料

高导热石墨膜，凭借其独特的六角平面网状结构，展现出了卓越的平面导热性能，其导热系数远超传统金属（如铜和铝）。同时，其低密度特性满足了轻量化的设计需求，而片层状结构则确保了材料能够灵活黏附于各种平面与曲面之上，加之其耐高温性能，确保了长期使用的可靠性。特别是高导热石墨烯膜，以其超薄、超轻的优势，实现了大面积的快速热传导，并可定制为任意形状，完美适配于电子产品的有限空间内。综合考虑性能与成本，高导热石墨膜无疑成为散热解决方案的首选。市场上，天

然石墨散热膜、人工合成石墨散热膜及纳米碳散热膜等主流产品竞相问世，其中人工石墨膜因其在智能手机 CPU、OLED 显示屏、镜头、Wi-Fi 天线、电池等关键部件中的广泛应用而备受瞩目。其生产过程涵盖了基材处理、碳化、石墨化、压延、贴合、模切六大环节，技术密集度高。

在全球市场，美国 Graftech、日本松下、日本 Kaneka 等企业凭借先发优势和技术积累，占据了领先地位；而我国碳元科技、中石科技、飞荣达等企业亦不甘示弱，通过技术创新与市场拓展，成功跻身华为、三星等全球知名手机厂商的供应链体系。然而，随着行业进入门槛的降低，市场竞争日趋激烈，价格战频发，行业整合与洗牌在所难免。

2. 聚酰亚胺：人工石墨散热膜的关键基石

作为人工石墨散热膜的核心原材料，聚酰亚胺（PI）膜的研发与生产难度极大，目前高端市场仍被少数国外企业垄断。韩国 SKCKOLONPI、日本钟渊化学（Kaneka）、东丽—杜邦、杜邦等企业凭借技术实力与市场份额优势稳居全球电子级 PI 膜市场前列。面对这一局面，我国多家企业自 2017 年起纷纷布局高性能 PI 薄膜领域，达迈科技、深圳瑞华泰、桂林电器科学研究院、时代新材、江阴天华等企业脱颖而出，成为行业内的佼佼者。尽管当前电子级及以上 PI 薄膜市场仍由海外企业主导，但随着国内新建生产线的陆续投产，技术差距与产能瓶颈有望逐步突破。

3. 导热凝胶：精密散热的灵活解决方案

导热凝胶作为一种创新的硅树脂基导热缝隙填充材料，凭借其高导热性、耐高低温、高压缩比、高电气绝缘性等多重优势，在精密元器件散热领域大放异彩。其亲和性好、可塑性强，能够通过自动点胶工艺精准填充元器件间的微小缝隙，实现热量的高效传导与散发，从而有效延长设备寿命并提升可靠性。在 LED、功率半导体、密封集成芯片等众多领域，导热凝胶均展现出了广泛的应用前景。随着 5G 时代的到来与消费电子产业的蓬勃发展，导热凝胶市场需求激增，预计全球范围内导热材料市场规模将持续扩大。在这一领域，国内外众多企业竞相布局，其中不乏前瞻性强、实力雄厚的行业领军者，他们正以敏锐的市场洞察力和卓越的技术创新能力，引领着导热凝胶市场的快速发展。

（六）电磁屏蔽材料：我国取得突破性进展

5G 技术以其显著提升的传输速率、增强的信号强度以及更高的信号频率，促使了 5G 天线部署量激增，是 4G 时代的 5~10 倍。然而，5G 所采用的毫米波技术存在穿透力弱、衰减快的问题，导致信号覆盖范围受限，因此，5G 技术对信号的抗干扰性能提出了更高要求，进而驱动了射频前端电磁屏蔽功能的显著升级。当前，电磁屏蔽领域广泛采用的材料包括导电塑料、导电硅胶、导电涂料、吸波材料以及导电布等，它们各自发挥着不可或缺的作用。

在国际舞台上，发达国家在电磁屏蔽材料的研发与应用上起步较早，发展迅速，已构建起涵盖多种类别与规格的全面产品体系，并涌现出如 3M、莱尔德、派克顾美丽、诺兰特、汉高、戈尔等国际知名品牌。与此同时，我国电磁屏蔽材料行业亦展现出强劲的增长势头，市场规模持续扩大，企业竞争力显著增强。飞荣达、中石科技、合力泰等企业凭借技术创新与市场份额的拓展，已成为行业内的领军企业。

随着 5G 通信基础设施的不断扩建，基站数量与传输速率的双重提升，以及 5G 智能手机单机对电磁屏蔽材料用量与种类的增加，加之处理频段日益复杂化，电磁屏蔽产品的市场需求正以前所未有的速度增长。此外，5G 技术催生的智能驾驶汽车、虚拟现实（VR）/增强现实（AR）、智能可穿戴设备等新兴智能终端的蓬勃发展，为电磁屏蔽材料开辟了更加广阔的应用空间。

（七）光模块：量价齐升，呈现高端化趋势

光模块是一个由多个关键组件构成的复杂系统，其核心部件涵盖光芯片、光纤连接器、光分路器/隔离器、光激光器/探测器、光纤适配器，以及陶瓷套管/插芯等。谈及需求规模，光模块的需求量直接关联于基站的数量与每个基站所需的光模块量。步入 5G 时代，基站数量相较于 4G 时代实现了显著增长。此外，5G 网络采用的"AAU+DU+CU"三级架构模式，构建了"前传—中传—回传"的层级化承载网络，这一变革直接促进了光器件使用量的激增。综合考量，5G 对光模块的需求预计将是 4G 时代的 1.6~4.2 倍，显示出光模块在 5G 产业链中具有较高的增长弹性和重要性。

在价格层面，Massive MIMO 技术的广泛应用对高速率光模块产生了强烈需求，这种需求进而推动了光模块价格的上涨。调研数据显示，4G 时代广泛使用的 10G 光模块价格相对较低，而到了 5G 时代，25G 和 100G 光模块将大规模应用，其价格将跃升至一个新的高度。即便考虑到 100G 光模块在规模化应用后可能带来的价格回落，25G 和 100G 光模块的价值量依然远超 10G 光模块。基于光模块需求与价格的双重增长预期，我们预测运营商在 5G 时代的光模块投资将达到 650 亿~770 亿元，这一数字是 4G 时代的 5~6 倍。

近年来，国内光通信产业取得了迅猛发展，国内设备制造商凭借其出色的器件封装技术，在全球市场中占据了领先地位。然而，在技术要求更为严苛的高端光芯片领域，我国离国际顶尖水平还有一定差距，这一领域主要由国外厂商主导。具体而言，高端光通信芯片与器件的国产化比例尚不足 10%，尤其是针对 25Gb/s 及以上高速率的光芯片，其国产化率更是低至 3%。

目前，国内在光芯片制造方面，主要聚焦 10Gb/s 及以下速率的激光器、探测器、调制器芯片的量产，这些产品的国产化率已接近 50%，展现出一定的自给自足能力。但值得注意的是，对于更高速率的 VCSEL、DFB、EML 等关键芯片，我们仍高度依赖进口，这些技术的市场主要由美国和日本的厂商把控，显示出在高端光芯片领域，我

国尚需要加大研发与产业化的力度。

（八）芯片：量价提升，美国仍占主导地位

尽管物联网（IoT）的愿景宏大，当前 5G 通信技术的主要应用场景依然聚焦智能手机。智能手机作为 5G 技术的核心载体，其芯片成为至关重要的组成部分，这些芯片不仅承担计算任务，还需要执行特定的处理功能，如 GPU 负责图像处理，NPU 则专注于 AI 运算。手机内部的芯片架构主要由射频芯片、基带芯片和核心应用处理器等构成。射频芯片负责无线通信的收发，核心应用处理器相当于传统意义上的 CPU 和 GPU，而基带芯片则位于两者之间，负责对无线通信信号进行数字信号处理。

1. 射频芯片

射频芯片是转换无线电信号为可传输波形，并通过天线发送的关键电子元器件。其架构涵盖接收与发射两大通道。进入 5G 时代，射频芯片的性能直接关乎移动终端支持的通信模式、信号接收强度、通话质量及发射功率等关键指标，对用户体验产生直接影响。目前，射频芯片市场主要由欧美厂商主导，如 BAW 滤波器市场几乎被 Avago 与 Qorvo 垄断，而终端功率放大器市场则由 Skyworks、Qorvo 及 Murata 占据。随着 5G 的普及，射频前端的价值显著提升。据 Gartner 预测，在高端机型中，其价值量较 4G 时代增长了 173%，从 12.6 美元提升至 34.4 美元。

2. 基带芯片

基带芯片是 5G 技术的基石，负责信号的编码与解码过程，确保信息（包括地址、文字、图片等）的准确传输与接收。根据 Strategy Analytics 的预测，全球移动基带芯片市场将持续增长至 2022 年，但增速自 2017 年起有所放缓，主要归因于终端出货量及 LTE 投资增速的下降。在技术实力上，基带芯片市场可分为多个梯队，其中高通、Intel、海思及三星位列第一梯队，且海思与三星的 5G 基带芯片主要供内部使用；展讯与联发科则位列第二梯队；大唐联芯等位列第三梯队。

（九）手机天线：多层 LCP 成主流

当前，天线制造中广泛采用的是聚酰亚胺（PI）基材，因其较高的介电常数、损耗因子、显著的吸湿性以及相对较差的可靠性，在高频高速传输场景下展现出显著的性能短板，无法满足 5G 通信的严苛要求。相较之下，液晶聚合物材料（LCP）以其优异的微波与毫米波适应性，不仅成为 5G 时代 PCB 领域的核心材料，还在天线制造中展现出广阔的应用前景。

为了克服 PI 材料在高频应用中的不足，改性聚酰亚胺（MPI）应运而生。通过增加 PI 单体中的氟含量或引入共轭基团等创新手段，MPI 有效提高了材料在高频环境下的传输性能，满足了 5G 初期天线技术的需求。在 5G 发展的初期阶段，主要聚焦 sub-6Ghz 频段，信号传输频率集中在 10~15 GHz 范围内，此时 LCP 与 MPI 均展现出良好的传输

性能。然而，LCP 材料生产厂商稀缺，导致市场供应紧张、良品率偏低、成本居高不下，因此在中高频段的应用中，LCP 与 MPI 共同成为 5G 天线材料的备选方案。

随着 5G 技术的不断演进，高频毫米波段的应用将日益广泛，特别是在大规模部署场景下，多层 LCP 天线因其卓越的高频性能而备受青睐。相比之下，MPI 在多层板设计上的局限性以及传输性能的限制，使其逐渐在高端应用中被 LCP 取代。为了提升终端天线的高频传输效率并减少空间占用，苹果公司在 iPhone X 系列中率先大规模采用了 LCP 天线技术，随后华为也在 Mate 30 及 P40 系列中跟进。这一转变显著提升了天线在智能手机中的价值，以苹果手机为例，iPhone X 的天线价值较 iPhone 7 增长了近 20 倍。

展望未来，随着手机天线对 LCP 材料的规模化应用，预计 LCP 天线材料市场将持续保持强劲的增长态势。据预测，到 2025 年，我国 LCP 天线材料的需求量将达到 9 000 吨，年均复合增长率有望超过 80%，展现出极其广阔的发展前景。

（十）其他关键器件

1. 滤波压电器件

滤波压电器件的核心组件涵盖压电陶瓷、压电晶体及压电薄膜，当前该领域的技术与市场高地主要由美国、日本企业占据，其中村田、TDK、Avago、Skyworks 等巨头合计占据了约 90% 的市场份额。我国在此类滤波器材料的研发上，虽在国防军工领域有所建树，但民用市场尚显薄弱，部分材料虽能实现自主生产，却面临供应不稳定的挑战。鉴于 5G 技术对天线集成化和小型化的高要求，传统金属同轴及陶瓷介质谐振滤波器因受限于腔体尺寸，难以达到理想的 Q 值及综合性能指标。相比之下，无腔体设计的陶瓷介质滤波器凭借其小巧的体积、卓越的性能及成本优势，成为 5G 通信领域的首选。微波介电陶瓷，作为关键材料之一，广泛应用于微波介质谐振器及微波集成电路基片，我国在研发与生产方面已接近国际先进水平，但在全球市场中的份额仍有待提升。

2. 手机外壳材料

5G 技术引入的大规模天线阵列，促使手机设计必须考虑信号的无阻传输，这促使手机外壳材料从传统的金属材质向玻璃、树脂等绝缘材料转变，以避免信号屏蔽与干扰。其中，3D 玻璃与陶瓷因其独特的优势，在高端手机市场中备受青睐。3D 玻璃不仅轻薄、耐刮擦、透明度高，还具备防眩光与抗指纹特性，正逐步取代传统材料。而在中低端市场，PC/PMMA 复合材料凭借其高性价比及成熟的仿玻璃工艺，成为 OPPO、vivo 等品牌的首选。预计在 5G 手机外壳市场中，PC/PMMA 复合材料将与玻璃材料并驾齐驱。

3. 光纤材料

光纤传输材料的两大支柱——光纤光缆与光纤预制棒，在 5G 通信时代的需求将激增，预计是 4G 时代的 16 倍。我国光纤光缆材料在产量与产值上已稳居全球首位，但光纤预制棒的核心技术与专利仍掌握在国外企业手中。尽管我国通过国际合作与技术引进实现了该领域的产业化，但与国际巨头相比，在规模、生产效率及成本控制上仍存在差距。目前，我国光纤预制棒的供应主要依赖于德国、日本等国家的进口。

专栏：主要 5G 芯片生产厂商基本情况

高通：2019 年 2 月 19 日，高通对外发布了第二款 5G 调制解调器——骁龙 X55，将在 2019 年年底开始商业化供货。骁龙 X55 打通 2G 到 5G，单芯片即可支持 2G、3G、4G、5G 网络，而且将 4G 连接能力提升到了 LTE Cat.22，并支持八载波聚合、256-QAM，最高下载速度 2.5Gbps。骁龙 X55 的新突破是实现了 7Gbps 下载速率，此前的纪录是华为巴龙 5000 保持的 6.5Gbps。

英特尔：英特尔于 2018 年 11 月发布 5G 基带芯片 XMM8160。XMM 8160 将为智能手机、PC 和宽频接入闸道器提供 5G 联机，联机速度高达 6Gbps。第一批使用 XMM 8160 5G 基频芯片的设备在 2020 年上半年上市。

三星：2018 年 8 月推出 5G 基带芯片 Exynos Modem 5100，该芯片制程较优，符合 3GPP 的 5G 标准 R15 规范，量产时间较早，相对完善。三星 Exynos 5100 采用 10nmLPP 工艺，是业内首款完全兼容 3GPPRelease15 规范，即最新 5GNR 新空口协议的基带产品。

华为：2019 年 1 月 24 日，华为发布 5G 多模终端芯片——巴龙 5000。巴龙 5000 的优越性能主要表现在四个方面：能够在单芯片内实现 2G、3G、4G 和 5G 四种网络制式，有效降低时延和功耗。率先实现业界标杆的 5G 峰值下载速率，是 4GLTE 可体验速率的 10 倍。在全球率先支持 SA（5G 独立组网）和 NSA 组网方式，是全球首个支持 V2X（vehicleto everything）的多模芯片，可以提供低时延、高可靠的车联网方案。全球首款 5G 基站核心芯片——华为天罡也同期发布。华为 5G 天罡芯片的发布及应用，可为 AAU 带来极具革命性的提升。即实现基站部署轻便化，设备尺寸缩小率超 50%；而重量减轻 23%，且功耗节省 21%，安装时间比标准的 4G 基站节省一半。

联发科：联发科 Helio M70 采用台积电 7nm 工艺制造，是一款 5G 多模整合基带，同时支持 2G/3G/4G/5G，完整支持多个 4G 频段，可以简化终端设计，再结合电源管理整体规划以大大降低功耗。目前，联发科正在和诺基亚、中国移动、华为等行业巨头合作，推进 5G 标准和商用。

迈入 5G 时代，网络架构相较于 4G 时代经历了显著的优化调整，其中光模块的使用量显著增加，且数据传输速率实现了质的飞跃。在无线网络的构建上，5G 创新性地将传统的基带处理单元（BBU）拆分为集中处理单元（CU）与分布单元（DU），前者承载非实时性协议与服务功能，后者则专注于物理层协议的高效执行及时延敏感信息的快速处理。

（一）基站架构：宏基站为主，小基站为辅

基站是移动通信网络的基石，其布局与配置直接影响着网络的覆盖效果。在 5G 时代，"宏基站主导，小基站辅助"的组网策略成为提升网络覆盖能力的关键路径。鉴于 5G 采用的高频段（如 3.5GHz 及以上）在室外传播距离受限，加之宏基站部署成本高昂，因此小基站的引入显得尤为重要。根据 3GPP 的标准，无线基站被细分为宏基站、微基站、皮基站及飞基站四大类，各自承担着不同的网络覆盖任务。

宏基站与小基站的主要差异体现在设备构成与体积上。宏基站通常由 BBU、RRU 及天馈系统组成，需要独立的机房与铁塔支撑，设备规模庞大；而小基站则更加紧凑，集成度高，便于快速部署于各种环境之中。小基站的独特优势在于其灵活性与精确覆盖能力，能够针对热点区域、弱覆盖区域以及特定应用场景（如购物中心、地铁、机场等）提供定制化的网络解决方案，有效延伸宏基站的覆盖范围并提升信号质量。

从历史演进来看，小基站的应用始于 3G 时代，但受限于当时的技术条件与市场需求，其发展较为缓慢。进入 4G 时代后，尽管移动业务与数据流量激增，但小基站仍未能充分发挥其潜力。直至 5G 时代的到来，面对海量设备连接、超低时延等全新挑战以及室内热点区域对数据流量的巨大需求，小基站终于迎来了发展的春天。与宏基站紧密配合的超密集组网（UDN）策略更是进一步放大了小基站的价值，使得其在 5G 网络建设中扮演着不可或缺的角色。

值得注意的是，在 4G 时代末期，随着传统室内分布系统（DAS）维护难度的增加及对未来 5G 规格支持的不足，小基站已开始逐步取代 DAS 在室内覆盖中的应用。到了 5G 时代，小基站更是凭借其施工简便、成本效益高等优势，在网络建设中占据了举足轻重的地位。未来，随着技术的不断进步与应用的持续深化，小基站有望在更多领域展现出其独特的魅力与价值。

（二）基站天线及射频器件：量价提升，投资规模翻倍

无线射频技术的核心在于多个射频组件的协同工作，这些组件的主要职责是实现电磁波信号与射频信号之间的高效转换。步入 5G 时代，随着 Massive MIMO、波束赋形

及载波聚合等先进技术的广泛应用，基站天线的设计发生了根本性变革，从传统的无源天线转向了高度集成的有源天线系统，这一转变极大地增加了天线的数量和复杂度，远超 4G 时代的标准。在这一背景下，原本位于远程射频单元（RRU）中的射频处理模块与天线实现了深度融合，共同构成了有源天线单元（AAU）。鉴于这一趋势，将基站天线与射频技术的整体布局纳入考量，业界预测未来 5G 基站天线端的投资规模将达到 470 亿~510 亿元，而射频端的投资规模更是高达 1 640 亿~1 790 亿元，两者合计预计为 2 100 亿~2 300 亿元，这一数字相较于 4G 时代的投资规模，实现了 1.9~2.1 倍的增长。

中国国内的基站天线制造商已在全球范围占据了核心技术的领导地位。回顾其发展历程，可划分为三大阶段：一是 2000 年以前的进口依赖阶段，当时国内天线产业几乎完全依赖于外部供应；二是 2001—2010 年的进口替代阶段，国内天线品牌迅速崛起，本土市场份额从 2002 年的 25% 跃升至 2006 年的 90%，实现了对进口产品的有效替代；三是进入 2011 年后，行业进入整合阶段，面对运营商近五年来投资增速的放缓，天线行业在激烈的市场竞争中完成了结构优化与资源整合。

根据中国电信协会的权威数据，近年来，国内天线厂商在全球市场的份额显著提升。具体而言，在 2017 年的全球宏基站天线市场中，中国企业的表现尤为亮眼，不仅占据了全球排名前十大生产商的半数席位，而且发货量占比超过六成，展现出强大的竞争力。在这一格局中，华为以其卓越的技术实力和市场布局占据了全球天线市场的最高份额，达到了 32%，紧随其后的是京信通信（13%）、摩比发展（8%）和通宇通讯（7%），这些企业共同构成了中国在全球天线领域的中坚力量。

（三）传输网主设备：量升价跌，增长空间仍在

在通信网络建设领域，传输网主设备的投资焦点集中在运营商的传输网、承载网及核心网构建上，涵盖传输设备与承载支撑系统等关键组件。这些资本支出紧密关联于网络架构的演进，而 5G 技术的引入将驱动主设备需求量的激增及成本的相对降低。一方面，5G 基站数量的急剧增加直接推动了传输网主设备需求的上升；另一方面，相较于 4G 时代高成本的 D-RAN 架构，云化无线接入网（C-RAN）以其成本效益成为 5G 时代的首选，旨在降低运营商的运维负担。此外，5G 网络为应对增强移动宽带（eMBB）、大规模物联网连接（mMTC）及超高可靠超低时延通信（uRLLC）等需求，必须展现出比 4G 更高的架构灵活性。

伴随 5G 时代的到来，运营商正加速推进软件定义网络（SDN）和网络功能虚拟化（NFV）技术的应用，进一步促进了主设备软、硬件的解耦趋势，预示着未来主设备价格将持续走低。综合考量 5G 基站数量增长引发的业务承载需求剧增，以及软硬件解耦带来的成本下降，我们预测主设备投资领域仍存在约 30% 的增长潜力，市场规模有望触及 6 000 亿元大关。

在国内通信网络设备市场中，华为、中兴、爱立信、诺基亚四大巨头并立，2017年各自占据的市场份额分别为 50%、29.8%、8% 和 11.2%。随着国内 5G 商用步伐的加快，在 5G 建设初期（2020 年），运营商更倾向于采用独立组网（SA）模式，为华为、中兴等本土企业提供了先发的市场优势。在 5G 建设中期（2021—2025 年），为控制成本，运营商可能转向非独立组网（NSA）模式以实现广泛覆盖。这一策略要求将现有 4G 基站升级为 5G 基站，但考虑到各厂商设备间的非通用性，此阶段的市场竞争格局或将维持相对稳定。总体而言，5G 时代为本土主设备商提供了进一步提升国内市场占有率的契机。

（四）核心网：模块化、软件化和虚拟化

通信传输网络涵盖接入网、承载网与核心网。接入网为数据交互的门户，承载网负责数据传输，而核心网则是数据处理与管理的中枢，尤其 5G 时代采用 SBA 架构，基于云上服务，模块化软件化以适应 5G 的需求。核心网发展始于简单网络，逐步引入中继器、集线器、交换机等，以解决数据传输与冲突问题。随着技术的进步，路由器、AC/AP、流量控制系统及防火墙等元素的加入，使得网络架构变得日益复杂。

从 2G 到 4G，核心网经历显著变革。2G 时代以 MSC 为中心，2.5G 引入 GPRS 与 PS。3G 实现分布式基站与 IP 化，引入 RNC，强化数据承载与控制分离。4G LTE 以 EPC 为核心，全 IP 结构，扁平化网络，去除 BSC 与 RNC，提升速度与多媒体服务，采用 V4 平台替代 MSC，基于 X86 服务器实现软件化控制，简化网络管理与升级。5G 核心网采用 SBA 架构，基于云服务，模块化、软件化设计，以应对 eMBB、mMTC、uRLLC 三大场景。模块化实现功能切片，灵活对接不同需求，是软件定义网络（SDN）的关键技术之一。网络功能虚拟化（NFV）则通过网络功能虚拟化，实现节点功能软件化管理。SDN 与 NFV 作为下一代核心技术，将推动 5G 网络向虚拟化平台过渡，减少对昂贵硬件的依赖，采用通用 X86 服务器等设备，大幅降低核心网的成本。中国移动预测，5G 时代网络规划运维将集中化、智能化，投资规模与 4G 相当或略增，预计达到 1 300 亿元。

（五）SDN/NFV：带来新的网络建设维护机会

在迈入 5G 时代的浪潮中，SDN 与 NFV 作为核心网络的关键技术，正引领着网络架构与设备形态的根本性变革。SDN 以其独特的设计理念，成功地将网络的控制平面与数据转发平面彻底分离，这一创新举措不仅降低了网络管理的复杂度，更通过集中化的管理模式极大地提升了网络资源的灵活调配效率。其核心技术——转发控制分离、控制逻辑集中以及网络能力开放，共同构筑了一个可编程、服务化导向的新型网络生态，为网络服务的快速迭代与创新提供了强有力的支撑。

与此同时，NFV 技术则通过深度整合 X86 服务器与虚拟化技术，实现了传统网络硬件向软件形态的华丽转变。这一转变不仅大幅降低了网络设备的成本，还极大地加

快了新服务的部署速度，使得网络运营商能够更快速地响应市场需求，提升用户体验。NFV 的引入，彻底颠覆了传统网络架构的束缚，为网络服务的灵活性与可扩展性开辟了新的可能。

SDN 与 NFV 的广泛应用，已经渗透到了电信、互联网、政府及企业网络乃至教育领域等行业。例如，电信运营商正在利用 SDN/NFV 技术重构其网络架构，以实现更加高效、智能的网络服务；互联网企业则借助这些技术，加速了云计算、大数据等新兴业务的部署与拓展；而政府与企业网络，则通过 SDN/NFV 实现了网络资源的精细化管理与高效利用。随着技术的不断成熟与市场的持续认可，SDN/NFV 产业正呈现出蓬勃发展的态势。多家行业巨头已经开始相关技术的测试与部署工作，并取得了显著的成效。市场研究机构 IDC 的数据显示，全球软件定义网络市场在 2014—2020 年，其复合年增长率（CAGR）高达 53.9%，充分展示了这一领域的巨大潜力与广阔前景。

（六）光纤光缆：市场集中度进一步提升

在 5G 网络广泛部署的背景下，其基站的高密度组网策略显著推动了光纤光缆的广泛应用，从而对光网络系统的容量、速度及质量提出了更为严苛的要求和更大的市场容量期待。CRU 指出，截至 2021 年年末，全球范围内光缆的需求量攀升至 6.17 亿千米，而中国市场的需求量也达到 3.55 亿千米，预示着未来该领域将拥有 370 亿~420 亿美元的广阔市场空间。然而，从短期视角来看，5G 建设初期对光纤光缆需求的直接刺激作用相对有限，无论是全球市场还是中国市场，预计未来几年内光缆需求的年度增长率都将维持在较低的个位数水平，显示出市场供需关系将在未来至少两年内保持相对稳定的态势。

当前，国内光纤光缆行业正处于整合深化阶段，近年来市场集中趋势显著加强，市场格局呈现出高度集中化的特点。目前，行业内前六大企业已占据了高达 81% 的市场份额，其中，长飞、亨通、中天三大巨头更是联手占据了超过一半（55%）的市场空间。然而，在行业价格竞争层面，国内企业正面临不小的挑战，海外市场虽蕴含发展契机，但受限于国内企业在光纤光缆生产上的价格优势不够突出，进军海外市场仍面临不小难度。综合来看，那些拥有"棒纤一体化"综合生产能力的企业，在行业中将更具竞争力和生存优势，能够更好地应对市场挑战，实现稳健发展。

三、下游产业链:5G 开启"万物互联"新纪元,拉动万亿元投资

（一）5G 的重点应用场景

1. 智能终端

在全球智能手机出货量持续下滑的背景下，5G 技术的商用化预计将激发一轮新的换机热潮。回顾 4G 时代的发展历程，我们不难发现，一旦 4G 牌照发放，终端厂商迅

速响应，新发布的手机中 4G 机型的占比迅速攀升。以 2014 年为例，尽管当时国内 4G 用户渗透率尚不足 10%，但 4G 手机的出货量占比却从年初的 10% 急剧增长至年底的 70%。这一快速增长的背后，既是因为国内 4G 网络建设起步较晚，而全球 4G 终端技术已相对成熟，也是手机厂商出于提升产品卖点及确保相互兼容性的战略考量。

据腾讯新闻的数据，截至 2022 年上半年，中国移动、中国联动和中国电信三大电信运营商的 5G 套餐用户总数已突破 9.274 5 亿大关，其中中国移动的 5G 套餐用户数达到 5.109 亿，中国联通的 5G 套餐用户数为 1.849 亿，而中国电信的 5G 套餐用户数则为 2.316 5 亿。这一系列数据表明，随着 5G 网络的不断扩展与覆盖，消费者对 5G 手机的需求正在快速增长。

此外，国内 4G 网络的建设起步较晚，导致大规模换机潮主要集中在 2015—2016 年，这一时期内 4G 用户渗透率实现了从 10% 到 65% 的飞跃式增长。借鉴欧美地区的经验，类似的换机热潮通常会持续三年时间。根据 Strategy Analytics 的预测，5G 智能手机的出货量将经历一次爆发式增长，将从 2019 年的 200 万台激增至 2025 年的 15 亿台，展现出高达 201% 的年复合增长率。

同时，这股换机热潮还将深刻影响手机零组件的创新与升级趋势。以毫米波技术的引入为例，它可能促使滤波器和终端系统侧的天线结构数量显著增加，以满足更高标准的通信需求。此外，在 5G 通信和无线充电领域，陶瓷和玻璃材质的手机外壳展现出了显著的优势，进一步推动了这些材料的广泛应用。在此背景下，被动元件作为手机内部不可或缺的组成部分，其需求量也将随之水涨船高，迎来新的增长机遇。

2. 车联网

车联网的生态系统汇聚了汽车制造商、软件开发者、平台服务商及移动运营商等多元参与者，共同塑造着未来出行的图景。其中，移动运营商作为潜力股，正积极探索多元化的商业蓝图，如平台构建、广告推广、大数据分析以及企业级服务拓展。车联网的兴起，不仅颠覆了传统汽车仅作为娱乐与辅助工具的角色，更成为推动道路安全革新与汽车智能化转型的核心力量。自动驾驶、编队行驶、车辆维护优化及传感器数据共享等前沿技术，均依赖于 5G 网络提供的超高速、低时延、高可靠性的连接支持，这些特性在复杂多变的道路环境中尤为关键。以 2022 年北京冬奥会为例，中国联通依托 5G 技术，成功建立了智能车联网系统，展示了多项创新应用。在冬奥村，"电力/物流/清废/值机"区域，5G 无人清扫车凭借"绿科技"的加持，日均清扫面积达到 6 000 平方米，行驶里程超过 10 千米，为智慧冬奥村的建设贡献了力量。而在首钢园区，基于 5G 的智能车联网系统覆盖了超过百万平方米的区域，实现了毫秒级低时延的"5G+C-V2X"融合网络，支持多种无人车辆的协同作业，为观众和工作人员提供了便捷的无人接驳、零售、物流等服务，并成功完成了奥运历史上首次 5G 无人车火炬接力。

3. 工业互联网

工业互联网正引领制造业向柔性化、智能化方向迈进，而 5G 技术则是这一转型过程中的关键推手。柔性生产模式以其快速响应市场变化和满足客户定制化需求的能力，正逐步取代传统的刚性生产方式。通过 5G 无线 OT 网络的部署，工位的全无线化不仅提升了生产灵活性，还借助 5G 的可靠性、低时延和大连接特性，实现了生产效率的显著提升。

工业控制网络的扁平化趋势也在加速发展，5G 技术以其无线接入的优势，打破了传统有线网络的束缚，为全域扁平化架构的实现提供了可能。这种架构不仅简化了网络配置，还促进了 OT 与 IT 网络的深度融合，实现了数据的实时回传与高效利用，为生产优化提供了有力支持。

此外，面对人力成本上升的挑战，工业互联网正通过少人化、无人化生产方案来提升效率。在煤矿、钢铁、港口等行业，5G 技术正逐步取代光纤和 Wi-Fi，成为远程控制、物流分拣等场景的首选解决方案。这些应用不仅减少了高风险、低附加值岗位的人力需求，还促进了人员结构的优化与技能升级。

远程操控与协同作业：通过 5G 网络，企业可以实现跨地域的远程操控和协同作业。例如，在智能制造领域，操作人员可以通过 5G 网络实时控制生产线上的机器人或其他自动化设备，完成复杂精密的加工任务。同时，多个团队还可以利用 5G 网络开展异地协同设计、研发等工作，提高工作效率和创新能力。

智能物流与仓储管理：在智能物流领域，5G 技术使得物流终端设备的实时追踪和智能调度成为可能。通过内置 5G 模组的自动导引车（AGV）、自动移动机器人（AMR）等设备，可以实现物料的高效配送和仓储管理的智能化。此外，5G 网络还可以与物联网技术相结合，实现对物流全过程的实时监控和数据分析，提高物流效率和透明度。

智能质检与故障预测：在质量控制方面，5G 技术可以支持高清工业相机、激光扫描仪等质检终端设备的实时数据传输。通过内置 5G 模组或部署 5G 网关等设备，这些质检终端可以实时拍摄产品的高清图像并传输至云端进行分析处理。基于人工智能算法模型的实时分析功能可以实现对物料或产品的缺陷检测与自动报警，并有效记录瑕疵信息，为质量溯源提供数据基础。同时，5G 技术还可以应用于设备故障预测领域，通过实时监测设备运行数据，并结合数据挖掘技术，实现对设备运行趋势的动态智能分析预测，提高设备维护的效率和准确性。

柔性生产与智能制造：5G 技术为柔性生产提供了强有力的支撑。通过 5G 网络与多接入边缘计算系统（MEC）的结合，可以部署柔性生产制造应用，满足工厂在柔性生产制造过程中对实时控制、数据集成与互操作、安全与隐私保护等方面的关键需求。这种生产模式可以根据市场需求，快速调整生产计划和产品配置，实现生产线的灵活配置和快速响应，提高生产效率和市场响应能力。

综上所述，5G 技术在工业互联网中的应用不仅提升了生产效率，优化了资源配置，还推动了制造业的智能化转型和产业升级。随着技术的不断成熟和应用场景的不断拓展，5G 工业互联网将在更多领域发挥重要作用，为构建智能制造新生态贡献力量。

4. 物联网

物联网作为 5G 技术深入应用的核心领域，涵盖了广泛的消费级与行业级应用场景。近年来，一系列"5G 融合物联网"的标志性项目，如 5G 智慧家庭实验室、智能互联 5G 工厂，以及 5G 远程医疗系统等应用相继实现落地，标志着物联网产业链正步入更加成熟的发展阶段。展望 5G 时代，物联网市场展现出前所未有的扩展潜力。据 IDC 权威数据统计，2023 年，全球物联网蜂窝通信模组的出货量将激增至 12.5 亿件，预示着市场需求的急剧增长。同时，这一趋势也加速了技术迭代，促使 2G 物联网模块逐步被更先进的 5G 技术及其他非标准解决方案替代，为物联网行业的持续繁荣奠定了坚实基础。

（1）智慧交通。

智慧交通与 5G 技术的结合正逐步推动交通运输行业的智能化转型，这是因为 5G 技术具有更快的数据传输速度和更低的时延，能够满足智慧交通对于实时性的要求。这使得车辆能够实时感知周围环境，提高行车安全和交通效率。同时，5G 技术可以支持更多的设备连接，有助于实现智慧交通的全面智能化。无论是车辆、道路基础设施还是各类传感器，都能通过 5G 网络实现互联互通。此外，5G 技术使得大数据和云计算在智慧交通系统中得到广泛应用，实现数据共享和协同决策，从而使车辆能够与道路基础设施进行信息交互，提高行车安全和道路通行效率。

智能交通管理系统：5G 技术可以实现实时的车辆与基础设施之间的通信和协作，提高交通运输的效率和安全性。通过 5G 网络，智能交通监控系统可以优化交通流量，减少交通拥堵和事故的发生，为市民提供更加便捷、安全的出行环境。

自动驾驶：5G 技术为自动驾驶汽车实时高速数据传输提供了支撑，大大提高了自动驾驶汽车的安全性。通过 5G 网络，自动驾驶汽车可以实时获取路况信息，并与其他车辆和基础设施进行有效通信，从而实现更精准的路径规划和安全驾驶。

公共交通智能化升级：5G 技术助力公共交通在紧急情况下快速响应救援，提供高清视频实时监控公共交通运行情况；支持自动驾驶技术在公共交通中的应用，提升服务水平和乘客体验。

目前，中国移动通过组建车联网军团整合网、云、图等资源能力在车联网领域取得显著成果。例如，在江苏南京江心洲建设先导区实现基础设施成本降低和出行效率提升；在天津地铁二号线开展"AI+5G"智慧城轨应用实践，通过 5G 公专网和 AI 智算技术，实现列车司机行为监控和乘客行为识别等创新应用。

（2）智慧安防。

5G 技术以其高速率、低时延的特性，为智慧安防系统提供了强大的网络支持。这使得安防监控视频可以实时、高清地传输到云端或监控中心，大大提高了监控的实时性和准确性。同时，低时延特性还使得远程控制和应急响应更加迅速，有助于在紧急情况下快速采取措施，保障公共安全。此外，5G 技术能够支持海量设备的连接，为物联网在智慧安防领域的应用提供了可能。通过连接各种安防设备（如摄像头、传感器、门禁系统等），形成物联网智能感知层，实现对城市安全的全方位监测和管理。

高清视频监控系统：5G 技术通过高清摄像头等设备实时监控城市，及时发现安全隐患，提高城市安全保障水平。结合人工智能技术，5G 网络可以实现对城市治安状况的智能化分析，为城市管理者提供决策支持。

便携式终端设备：5G 网络还可以承载 5G 布控球、记录仪等便携式终端设备，将前端音视频数据实时回传至安全作业管理平台，实现科学的作业管理和有效的安全防控。

智慧消防：5G 技术在智慧消防领域的应用也十分广泛。例如，在安徽移动的智慧消防项目中，通过 5G 网络实时回传火情画面，指挥中心可以迅速指挥现场救援行动；同时，利用"5G+量子对讲技术"实现"点对点、可视化"的指挥调度，提高了应急响应速度和效率。

无人机巡逻：5G 技术为无人机提供了实时的网络连接和控制能力，使得无人机可以在任何时间、任何地点进行巡逻和监测。通过无人机采集的数据实时传输到云端进行分析和处理，提高了巡逻效率和精度。

智慧社区：在智慧社区建设中，5G 技术结合物联网、人工智能等技术构建智慧安防系统。通过连接摄像头、门禁、停车道闸等各类传感器形成社区全覆盖的感知网络；利用人工智能技术搭建智能分析平台对各类数据进行深度分析和处理，实现对陌生人员出入、高空抛物、违规停车等异常行为的自动识别、预警和处置。

（3）智慧医疗。

5G 网络提供的高速数据传输能力，使得医学影像、远程手术等需要大量数据传输的场景得以实现，大大提高了医疗服务的效率和质量。而且低时延特性，使得远程会诊、远程手术等实时性要求高的场景更加流畅和可靠，减少了因网络延迟导致的误诊或手术风险。与此同时，5G 技术能够支持大规模设备的连接，使得医院内的各种医疗设备、传感器等能够实时互联，实现数据的共享和分析，为精准医疗提供支持。

远程医疗：5G 技术支持医疗机构实时传输高清图像、视频和数据，实现远程诊断、手术咨询等功能。患者可以在家中获得专业的医疗服务，提高了医疗服务的可及性和效率。

医疗机器人：5G 技术还可以支持医疗机器人，通过实时传输大量医疗数据，提高医疗服务的精准度和效率。

移动医疗：医护人员通过 5G 网络可以实时掌握患者的医疗影像和体征数据，实现移动查房和远程监护，提高护理质量和效率。患者可以通过可穿戴设备监测自身健康状况，并将数据传输至云端或医生端，实现远程健康管理和监测。

智慧医院：5G 网络覆盖整个医院，包括病房、手术室、诊疗室等，并支持医疗设备的高速互联和数据共享。利用 5G 和物联网技术搭建智慧医院物联网平台，实现医院资产管理、院内急救调度、医务人员管理、设备状态管理等功能。

急救医学：通过 5G 网络实时传输急救设备监测信息、车辆实时定位信息以及车内外视频画面，便于实施远程会诊和远程指导，提高急救效率和成功率。

医疗教育：利用 5G 网络进行远程医学教育培训，包括会议讲座、病例讨论、技术操作示教等形式，提高医护人员的专业技能和诊疗水平。

预计到 2030 年，我国远程医疗行业中与 5G 相关的投入（通信设备和通信服务）将达到 640 亿元。

（4）智慧能源。

能源互联网作为一种新兴的能源产业发展形态，实现了互联网与能源生产、传输、存储、消费以及市场的深度融合，主要特征包括设备智能化、多种能源协同、信息对称、供需分散、系统扁平化以及交易开放。凭借 5G 技术的高速、实时和海量接入能力，将进一步推动能源互联网向更扁平、更协同、更高效和更绿色的方向发展。预计到 2030 年，中国在能源互联网行业中与 5G 相关的投入（通信设备和通信服务）将超过 100 亿元。

5G 技术与大数据、人工智能等新一代 ICT 技术的融合，将电力系统的"发电、输电、变电、配电、用电"五大环节紧密相连，形成一个全面感知、高效处理、深度交互和数据共享的智能服务系统，从而推动构建数字化、智能化、高质量发展的电力物联网。表 3-2 是能源电力行业典型业务的 5G 需求统计情况。

表 3-2　能源电力行业典型业务的 5G 需求统计情况

应用场景名称	5G 指标需求	终端要求	模组要求	市场空间
移动巡检业务	上行速率：>20Mbps 时延：<100ms 可用性：99.9%	集成在机器人或者无人机等巡检设备	切片	中国智能电网市场规模在 2022 年达到 71 704 亿元
用电信息采集	上行速率：2Mbps 时延：<100ms 可用性：99.9%	集成在电表箱	切片	
精准负荷控制	上行速率：<2Mbps 时延：<50ms 可用性：99.99%	DTU/CPE 室内部署	高精度授时小于 10us、切片	
配网差动保护	上行速率：>3Mbps 时延：<15ms 可用性：99.999%	DTU 室内部署	高精度授时小于 10us、切片	

来源：5G 应用产业方阵。

（5）智能家居。

智能家居是基于住宅平台，通过综合布线技术、网络通信技术、安全防范技术、自动控制技术以及音视频技术，将家居生活相关的设施进行集成，从而构建出一个高效的住宅设施与家庭日程事务管理系统。这一系统使家居设备具备集中管理、远程控制、互联互通以及自主学习等功能，实现了家庭环境管理、安全防卫、消费服务、影音娱乐与家居生活的有机结合，进而提升了家居的安全性、便利性、舒适性和艺术性，并营造了环保节能的居住环境。

近年来，随着各项技术的不断进步，智能家居产品形态持续创新，市场发展迅猛。特别是 5G 技术与人工智能的深度融合，将对智能家居产生深远影响，具体体现在以下五个方面：

一是设备接入范围扩大。5G 的高速率和强大兼容性将为更多设备提供网络连接支持，从大型家电如冰箱、电视、空调、热水器，到小型家电如吸尘器、热水壶、炉灶等，都将逐步实现网络化，从而进一步拓展智能家居的功能边界。

二是连接方案升级。5G 通信标准要求网络提供高可靠、低时延的通信服务，这将促使大量智能家居设备逐渐统一到一个标准体系下，智能家居的网络连接方案也将发生根本性变革，为更多中小企业顺利参与智能家居体系提供便利。

三是操作方式多样化。智能家居将成为 5G 通信与人工智能技术结合的重要应用场景。例如，用户无须再考虑是否需要开启空调，因为 AI 系统会根据天气预报自动调整室内温度。

四是应用场景融合。在 5G 的推动下，智能家居的应用场景将与消费互联网全面整合，如在冰箱上操作即可完成生鲜产品的购买等。

五是个性化方案增多。5G 将打破移动互联网、智能家居和人工智能之间的壁垒，为用户提供更多个性化方案。用户也可以根据自己的需求进行个性化"编程"，以满足不同用户的独特需求。

毫无疑问，5G 时代对于消费者而言，意味着周边电子产品的新一轮升级，带来更加便捷的工作和生活体验。而对于 5G 产业链上的企业而言，5G 时代则意味着万亿元级的新市场和新机遇。根据中国信息通信研究院的预测，到 2030 年，我国智能家居行业中与 5G 相关的投入（通信设备和通信服务）将超过 30 亿元。

（6）超高清音视频。

超高清视频技术作为视频技术发展历程中的新一轮代际升级，与 5G、人工智能等共同构成当前新一代信息技术的重要发展方向。在全球范围内，日本在推动超高清视频产业的发展中扮演着引领角色，其在 4K、8K 全产业链的各个环节均展现出强大的竞争力，特别是在超高清前端设备、播出领域以及应用等方面均处于全球领先地位。同时，日本在 4K/8K 感光器件、高端光学镜头以及机内光学器件的生产能力和质量上也具备全球竞争力，索尼、佳能、尼康、松下、日立等企业更是显现出显著的龙头效应。

近年来，韩国的超高清产业也实现了迅速发展，尤其以高端面板为突破口，LGD、三星等企业展现出了强大的创新能力。

加速超高清视频产业的发展，能够直接推动制播设备、终端产品、显示面板、芯片等产业链的全面更新换代，进一步推进"双千兆"新型基础设施建设，促进内容产业的繁荣和应用的创新，从而形成一个万亿元级的新兴产业集群。当前，超高清视频产业的总体规模已达到 1.8 万亿元，其中，超高清视频核心环节的直接销售收入超过8 100 亿元，行业应用规模则超过 9 800 亿元。在这一庞大的市场中，硬件的直接销售收入约为 900 亿元，而解决方案及集成服务的收入则超过了 8 900 亿元。此外，音视频领域正展现出强劲的增长势头。根据爱立信 2021 年 6 月发布的《移动市场报告》，视频业务流量已占全部移动流量的 66%，并预计这一比例将在 2026 年增长至 77%。

（二）新场景产业链及投资时序

5G 面向应用场景的产业链环节主要聚焦系统集成与应用服务，这涵盖了系统集成与行业解决方案、大数据应用、物联网平台与解决方案、增值业务与行业应用等多个组成部分，见图 3-2。

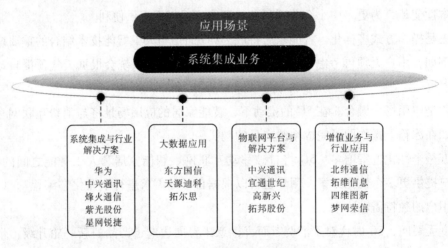

图 3-2　新场景产业链

资料来源：笔者根据公开资料整理而成。

当前，各环节的主流厂商包括：在系统集成与行业解决方案方面，有华为、中兴通讯、烽火通信、紫光股份、星网锐捷；在大数据应用领域，有东方国信、天源迪科、拓尔思；在物联网平台与解决方案方面，有中兴通讯、宜通世纪、高新兴、拓邦股份；在增值业务与行业应用方面，有北纬通信、拓维信息、四维图新、梦网荣信。而在云计算领域，IaaS/PaaS 层有金山软件，PaaS 层则有金蝶国际及中软国际。

总体来看，5G 时代二级市场上已经涌现出众多 5G 产业链龙头企业。其中，基站系统、网络架构等上游产业链的部分环节已开始启动行情，而终端设备的下游产业链也即将迎来较好的行情。

四、相关产业

（一）5G 应用增加对边缘计算的需求

5G 边缘计算（multi-access edge computing，MEC）是指在接近用户业务数据源的一侧，提供近距离的边缘计算服务，以满足行业在低时延、高带宽、安全与隐私保护等方面的基本需求，如更靠近用户位置进行实时、安全的数据处理。

作为 5G 网络的新型架构之一，5G 边缘计算通过将云计算能力和 IT 服务环境下沉到移动通信网络的边缘，就近向用户提供服务，从而构建一个具备高性能、低时延与高带宽的电信级服务环境。

2024 年 2 月，全球移动通信系统协会发布的《垂直行业 5G 确定性网络白皮书》指出，5G 通过边缘计算技术将应用部署到数据侧，而不是将所有数据发送到集中的数据中心，以满足应用的实时性需求。该白皮书认为，智慧工厂、智能电网、智能驾驶、健康医疗、娱乐和数字媒体是未来最具商业规模且排名靠前的边缘计算需求场景，具有典型性。运营商也在这些领域与行业客户紧密合作，基于用户需求共同推动边缘计算的发展，为用户提供安全可靠的边缘计算业务。

综合考虑不同业务对延迟、成本和企业数据安全性的需求，将边缘计算下沉到汇聚机房和园区是主要的部署方案。MEC 的部署场景可分为广域 MEC 和局域 MEC 两大类。广域 MEC 的主要应用场景包括大网 OTT 连接（如 Cloud VR/云游戏）、大网集团连接（如公交广告/普通安防）、大网中的 URLLC 专网（如电力等）以及大网专线连接（如企业专线）等。在这些应用场景下，通过将 MEC 部署在汇聚机房，可以满足低时延的业务需求。而港口龙门吊的远程操控、钢铁厂的天车远程操控以及大部分的制造、石化、教育、医疗等园区/厂区都是局域 MEC 的典型场景。在局域 MEC 部署的场景下，MEC 将满足 URLLC 超低时延业务的需求；同时支持企业业务数据本地流量卸载（LBO），为园区客户提供本地网络管道。通过增强隔离和认证能力，防止公网非法访问企业内网，从而构建企业 5G 私网。

在 5G 时代，这可能意味着用户不再需要更多的大规模数据中心。具体而言，它们将被更多地靠近移动网络塔台的本地数据中心取代。因此，尽管大型数据中心的建设可能会放缓，但由于 5G 的强劲需求，对边缘数据中心的需求可能会持续增长。IDC 的数据显示，2020 年有超过 500 亿的终端和设备联网，其中超过 50%的数据需要在网络边缘侧进行分析、处理与存储。

（二）云 VR/AR

VR/AR 业务对带宽的需求极为庞大。为了满足用户日益增长的体验需求并降低设备成本，高质量的 VR/AR 内容处理正逐渐转向云端，这使得 VR/AR 有望成为移动网络中最具潜力的大流量业务。尽管现有的 4G 网络平均吞吐量能达到 100Mbps，但一些高级的 VR/AR 应用却需要更高的速度和更低的时延。

虚拟现实（VR）与增强现实（AR）是两种能够彻底改变传统人机交互内容的变革性技术，这种变革不仅体现在消费领域，还广泛体现在商业和企业市场中。VR/AR 涉及大量的数据传输、存储和计算任务，若将这些数据和计算密集型任务转移到云端，便能充分利用云端服务器的数据存储和高速计算能力。预计未来十年，家庭和办公室对桌面主机和笔记本电脑的需求将逐渐减少，转而使用各种连接到云端的人机界面，并引入语音、触摸等多种交互方式。而 5G 将显著提升这些云服务的访问速度。

除高阶的云渲染 CG VR 外，VR 市场在游戏、视频和广告领域也占据重要地位。体育赛事（如英特尔 TrueVR）和现场活动（如 Next VR）的 VR 体验已经超越传统水平。优质内容和事件的 VR 已经主导视频市场。Orange 推出了适用于 Android 和 iOS 智能手机的 HMD，以支持其 Orange VR 360 应用，定价为 50 欧元。SK Telecom 在 2017 年 MWC 上发布了"360 自适应 VR 直播平台"，并与手机游戏开发商 UnityKorea 合作举办了"5G 现实媒体与融合服务展"。同时，SK Telecom 还选定了 Looxid Labs、Red Bird 和 ELROIS 三家公司，共同开发 5G VR/AR 服务。

2022 年，我国成功举办了第二十四届冬季奥林匹克运动会和第十三届冬季残疾人奥林匹克运动会，这是自新冠病毒感染疫情发生以来首次如期举办的全球综合性体育盛会。赛事期间，"5G+4K/8K"超高清直播、高铁 5G 超高清演播、"5G+AR/VR"等融合应用创新拓展了 5G 应用场景，打造了一个充满科技感的奥运盛会，为各国参赛队伍和世界各地观众带来了福祉，成为 2022 年北京冬奥会和残奥会的重要成果之一。

据 ABI Research 估计，到 2025 年，AR 和 VR 市场总额将达到 2 920 亿美元，其中 AR 为 1 510 亿美元，VR 为 1 410 亿美元。移动运营商在 VR/AR 领域的市场机会相当可观，预计到 2025 年将超过 930 亿美元，约占 VR/AR 总市场规模的 30%。

（三）短信升级为 5G 消息应用

消息是最基础的通信业务，也是众多行业服务和营销的入口。在 5G 时代，短信升级为 5G 消息，为各行业带来了新的机遇。例如，5G 消息利用终端的原生性，为金融机构提供了低成本的客户触达渠道，提升了线上业务体验，带来了更高的客户转化率。同时，基于 5G 消息平台，金融机构可以为其他行业合作伙伴提供共同拓展场景的便捷工具。

5G 消息是短信业务的升级版，它基于 GSMA（全球移动通信系统协会）的 RCS UP 标准构建。5G 消息能在 5G 终端的原生短信界面上发送文本、图片、语音、视频、位置信息等内容，实现消息的多媒体化和轻量化。与 OTT 类应用和服务类 App 相比，5G 消息具有以下五个优势：一是功能丰富，兼具 OTT 类应用的聊天、群聊、小程序功能，以及各类服务类 App 的众多功能。二是占据强入口，5G 消息直接占据短信这一强大入口。三是原生应用，无须下载、注册、登录等前置操作，也无须绑定手机号、收取验证码等操作，即开即用。四是安全可信，基于手机号和实名认证的强关联，使个人数据在不同应用间互联互通，保障数据安全可靠。五是跨平台连接，用户无须切换多个 App，在同一界面即可实现跨应用交互和应用间互联互通。

国内金融机构对于 5G 消息应用充满了期待，大量金融机构开展了 5G 消息实践，见表 3-3。

表 3-3　国内部分银行开展 5G 消息实践

银行	时间	建设情况
中国工商银行	2020-06	联合中国移动发布《5G 时代银行创新白皮书》
	2020-12	面向部分客户试点，可处理当前柜面、App、公众号中常见业务
	2021-01	联合中国移动上线数字人民币钱包，可处理余额、交易记录查询，手机号转账等业务
中国农业银行	2021-01	开展业务研究与服务平台搭建工作
	2021-03	开展信用卡 5G 消息业务试点，可办理信用卡激活、领取新客礼等业务
	2021-04	在"第四届数字中国峰会"现场亮相，展示 5G 消息可处理的当前柜面、App、公众号中常见业务
中国银行	2020-12	联合中国联通推出基于 5G 消息的金融应用试点平台，在海南开展"5G 消息志愿者"试点，可处理当前柜面、App、公众号中常见业务
	2021-08	申请 33 个 5G 消息专利，包含基于区块链的 5G 消息小额贷款、资金代管、股票波动预警等；基于 5G 消息的网点银行柜台办理、外币预约等
	2021-09	联合中国联通测试上线 5G 消息数字人民币交话费、商城购物
中国建设银行	2021-07	开启公测，可处理当前柜面、App、公众号中常见业务，可对手机号绑定的建设银行账户进行余额和消费明细查询、申请信用卡等
平安银行	2021-02	推出了第一条 5G 消息，内容是银行活动，用户点击即可进入活动界面，可处理当前柜面、App、公众号中常见业务
中国浦发银行	2020-09	在外滩大会发布 5G 消息演示视频，可处理当前柜面、App、公众号中常见业务，演示人工智能使用在各类银行服务场景
北京银行	2020-04	开始搭建 5G 消息平台
	2020-09	成为国内最早一批实现 5G 消息商用化的银行之一，可处理当前柜面、App、公众号中常见业务
四川新网银行	2021-09	小微商户可通过 5G 消息办理贷款，新网银行是国内首家实现 5G 消息的互联网银行
中国民生银行	2021-05	可使用 5G 消息处理当前柜面、App、公众号中常见业务

表3-3(续)

银行	时间	建设情况
杭州银行	2020-12	可使用5G消息处理当前柜面、App、公众号中常见业务。同时，具备视频IVR业务，可视频远程核实客户身份，提供语音输入功能，对老年客户较友好
江苏银行	2020-09	可处理当前柜面、App、公众号中常见业务，可进行购票订酒店、不动产查询等非金融场景业务
泸州银行	2021-03	联合四川银行、中国电信四川分公司，推出基于5G消息技术的手机号转账服务，获金融科技创新监管工具创新应用公示
	2021-09	联合中国电信四川分公司，可处理当前柜面、App、公众号中常见业务。在支付安全方面，通过人脸加活体检验进行多重身份鉴别

第四章

5G 运行状况分析

一、国外 5G 运行状况

（一）全球 5G 发展规划

1. 全球 5G 网络建设稳步推进

自 2019 年 4 月韩国率先拉开 5G 商用序幕以来，全球 5G 商用化进程已稳健步入第五个年头，标志着通信技术领域的一场深刻变革正以前所未有的速度重塑我们的生活方式与产业格局。截至 2023 年年底，这一趋势不仅在全球范围内得到了广泛响应，更实现了显著突破：来自全球 119 个国家和地区的 204 家运营商携手并进，共同推出了基于国际电信联盟标准组织 3GPP 制定的统一标准的商用 5G 网络，尽管新增的 53 个 5G 商用网络与 2022 年相比数量上基本持平，但这一稳定增长态势彰显了 5G 技术成熟度与市场接受度的不断提升。

在基础设施建设方面，全球 5G 基站部署量持续攀升，成为支撑 5G 服务广泛覆盖与高质量体验的坚实基石。2023 年，全球范围内累计部署的 5G 基站数量已突破 517 万个，年新增量达到 153 万个，与 2022 年保持同步增长，显示出全球对于 5G 网络建设的坚定决心与持续投入。这些基站如同密布的神经网络，将高速、低延迟的 5G 信号送达每一个角落，为各行各业的数字化转型提供了强大的动力。

在用户层面，全球 5G 用户数呈现爆炸式增长，达到了 15.7 亿，占全球移动用户总数的 18.6%，年新增用户更是高达 5.6 亿。这一数据不仅反映了消费者对 5G 技术的高度认可与热烈追捧，也预示着 5G 正逐步成为主流通信方式，深刻影响着人们的日常沟通、娱乐、工作乃至社会活动的方方面面。

5G-A 正逐步从验证迈向试商用，全球 13 家领先运营商已发布试点网络，包括中国三大运营商（中国移动、中国联通和中国电信）以及中东、欧洲等运营商。中国移动在超过 300 个城市启动全球最大规模 5G-A 商用，彰显其技术领先。芬兰、德国等多国运营商也在积极验证 5G-A 技术，为商用铺路。这些进展为 5G 市场注入新活力，预示 5G 将在更广泛领域发挥更大作用，推动社会向智能、高效、可持续方向发展。

2. 亚太地区优势明显

在全球范围内，亚太地区凭借其强劲的创新力、庞大的市场需求以及政府的积极推动，已经无可争议地成为 5G 技术的领跑者。全球移动通信系统协会（GSMA）的最新统计数据清晰地描绘了这一图景，不仅彰显了亚太区域在 5G 技术普及与应用上的卓越成就，也预示了未来科技发展的无限可能。

韩国以其卓越的 5G 基础设施建设和广泛的用户接受度，以 44.92% 的 5G 渗透率高居全球榜首，这背后是韩国政府、电信运营商及科技企业紧密合作、共同推进 5G 技术发展的结果。

中国市场作为全球 5G 市场发展的中流砥柱，其贡献不容小觑。2023 年，中国新增了 106.5 万个 5G 基站，这一数字占据了全球新增 5G 基站总数的 69.5%，凸显了中国在 5G 基础设施建设上的巨大投入与成果。同时，中国无线设备市场的收入份额占全球总量的 32%，稳居榜首，进一步证明了中国在全球 5G 产业链中的核心地位。

而印度市场则作为亚太地区的新兴力量，正加速其 5G 规模部署的进程。截至 2023 年 11 月底，印度已完成 39.7 万个宏基站的部署，这一里程碑式的成就不仅推动了印度自身的数字化转型，也为亚太地区的整体 5G 市场发展注入了新的活力。随着印度 5G 商用进度的加快，其 5G 用户数已接近 1.3 亿，5G 渗透率达到 11%，预示着印度将成为未来 5G 市场增长的重要驱动力。

从 5G 用户发展的角度来看，中国继续领跑全球。2023 年，中国的 5G 用户数达到了 8.05 亿，占据了全球 5G 用户总数的半壁江山（51.3%），这一数据不仅反映了中国消费者对 5G 技术的强烈认可，也体现了中国 5G 生态系统的高度成熟与普及。与此同时，印度 5G 市场的快速发展也为全球 5G 用户数的增长贡献了重要力量，进一步促进了全球 5G 市场的繁荣。

3. 毫米波可能成为 5G 基础设施建设的重要战场

根据第三代合作伙伴计划（3GPP）制定的 38.101 协议，5G 新无线电（NR）技术巧妙地规划了两种主要使用的频段——FR1 频段与 FR2 频段，以应对不同场景下的通信需求。FR1 频段，即通常所说的 sub 6GHz 频段，覆盖了从 450MHz 到 6GHz 的广阔频谱范围。这一频段因其良好的穿透能力和广泛的覆盖范围，在早期被广泛采用并快速商业化，尤其是在传统无线电频段（300MHz~3GHz）。然而，随着无线通信技术的飞速发展，这一频段已显得日益拥挤，频谱资源变得尤为珍贵，难以找到足够的空闲频谱来满足日益增长的数据传输需求。

相比之下，FR2 频段，即毫米波（mmWave）频段，位于 24.25GHz 至 52.6GHz 之间，以其超大带宽和超高数据速率成为 5G 乃至未来通信技术的关键所在。在 sub 6GHz

频段下，4G LTE 蜂窝系统所能达到的最大带宽仅为 100MHz，数据速率上限约为 1Gbps；而毫米波频段则彻底打破了这一限制，移动应用可轻松实现 400MHz 以上的带宽使用，数据速率更是飙升至 10Gbps 甚至更高，为超高清视频传输、虚拟现实、远程医疗等应用提供了强有力的支持。

然而，毫米波技术在展现其强大性能的同时，也面临不容忽视的传播挑战。由于波长极短，毫米波在传播过程中极易受到路径损耗（路衰和雨衰等）的影响，这导致其传输距离相对有限，且对遮挡物极为敏感，无法实现非视距通信。在复杂环境如室内或多障碍物区域，毫米波信号还会引发严重的多径效应，进一步影响其传输质量和稳定性。例如，一个 70GHz 的毫米波信号在传播 10 米后，损耗达到 89.3dB，而在更恶劣的传播条件下，这一损耗还会显著增加。

为了克服毫米波的这些局限性，工程师们采取了多种技术手段进行优化。一是通过提高发射功率来增强信号的辐射强度，确保信号在传播过程中能够减少部分损耗。二是采用高增益天线技术，将信号能量集中在特定方向上，提高信号的定向传输能力，减少能量扩散和损耗。此外，提升接收机的灵敏度也是关键一环，使得接收机能够在极低的信号强度下依然能够准确捕获并解析信号。在这些措施共同作用下，有效延长了毫米波信号的传输距离，提升了其在复杂环境下的稳定性和可靠性。

作为未来 5G 高容量和高吞吐量用例的推动条件，在短期之内，毫米波同样可以作为一种高效的解决方案，适用于流量需求集中的地区，特别是在 3.5 GHz 网络中使用 5G 毫米波解决方案来增加容量层，可以实现成本效益最大化。在 2025 年之前的这段时期，这些结果对于相当多的场景都是成立的，包括在一些城市中最密集的地方提供 FWA 5G 服务，或者作为一种室内解决方案来提供 5G 连接。

（二）主要国家和地区的 5G 发展情况

1. 美国：5G 起步缓慢，处于行业自行探索和技术验证阶段

（1）美国 5G 虽处于世界第一梯队，但排名相对靠后。

尽管美国 5G 技术已跻身世界第一梯队，但其在该梯队的排名却相对滞后，紧随中国与韩国之后。电信权威分析机构 Analysys Mason 受美国无线工业组织（CTIA）委托，于 2021 年 6 月 30 日发布了 5G 发达国家排名。CTIA 不仅指出了美国 5G 的当前位置，更强调了其潜在的经济贡献——预计创造 300 万个新就业岗位，并推动美国经济增长高达 5 000 亿美元。然而，这一繁荣愿景的实现，高度依赖政府迅速出台有利于 5G 发展的政策。为避免重蹈 3G、4G 时代失去领导地位的覆辙，美国联邦通信委员会（FCC）自 2018 年起便积极行动，通过多次高频谱拍卖，为 5G 建设铺路。尤其是在 C 波段频谱拍卖中，Verizon、AT&T 及 T-Mobile 的激烈竞标，彰显了业界对 5G 未来的信心与投入。值得注意的是，美国 5G 当前的覆盖率，很大程度上得益于低频段资源的有效利用，但随着更多中高频段频谱的释放，其 5G 发展格局有望进一步优化。

（2）美国 5G 组网方式以 NSA 为主。

在美国，5G 组网方式呈现非独立组网（NSA）与独立组网（SA）并进的态势。AT&T 与 Verizon 两大巨头目前均以 NSA 为主，利用 Sub-6GHz 频段实现广泛覆盖，同时也在部分城市核心区部署了基于毫米波（mmWave）的高速 5G 网络，尽管后者因传输限制而局限于特定区域。不过，两者均表示正加速 SA 网络的开发与测试，以期在未来实现更灵活、高效的 5G 网络架构。相比之下，T-Mobile 已率先推出 5G SA 网络，展现出其在技术创新上的领先地位。

（3）美国 5G 网速偏低。

根据 SpeedCheck 的最新数据，美国 5G 下载速率在全球排名中仅列第 16 位，远低于韩国的 449Mbit/s，甚至不及部分地区的 Wi-Fi 速度。这一差距主要归因于美国运营商在 5G 初期普遍采用了低频段资源，虽然保障了良好的信号覆盖，但牺牲了速度优势。不过，随着高频段频谱的逐步投入使用，尤其是 Verizon 在 2.8GHz 频段上的布局，以及 T-Mobile 在低频段上实现的峰值速率，美国 5G 网速有望显著提升。

（4）美国 5G 网络覆盖亟待加强。

在全球 5G 城市覆盖数量上，美国虽不及中国，但仍以 284 个城市位居前列。在国土面积覆盖方面，美国已实现了 75% 的覆盖，并预计将持续增长。然而，5G 用户主要集中在人口密集的大城市，导致网络切换频繁，影响了用户体验。为此，美国运营商正积极通过频谱拍卖、技术升级等手段，加速扩大 5G 网络覆盖范围，提升整体服务质量。随着这些举措的持续推进，美国 5G 网络将更加完善，为用户带来更加流畅、高效的通信体验。

综上所述，尽管美国 5G 在发展上并非全球领先，但其重要性已获政府高度关注。各行业正积极测试 5G 应用，以挖掘其潜力。政府尤其重视 5G 在救援、军事等领域的应用价值，FirstNet 斥资 2.18 亿美元升级 5G 网络，国防部则推进多项 5G 军事测试，涵盖 AR/VR 训练、智能仓库等，旨在提升作战与后勤能力。这些举措预示 5G 将在国家安全中扮演更重要角色。

2. 欧洲地区：5G 发展不平衡，落后于世界先进地区

欧洲，作为一个多元且复杂的地区，其经济体欧盟同样展现出高度的复杂性。然而，在 5G 技术的推广与应用上，欧洲展现出了一定的先行者姿态，尤其是那些经济基础较为雄厚的国家，它们在 5G 部署上起步较早，形成了西欧相较于东欧更为迅猛的发展态势。至 2021 年年底，欧盟 27 国已成功实现了对其 66% 人口的 5G 网络覆盖，这一成就彰显了欧洲在推动新一代通信技术方面的决心与努力。

然而，全球新冠病毒感染疫情的暴发为欧洲 5G 建设的进程带来了不可忽视的挑战。面对前所未有的居家办公与远程通信需求激增，欧洲的主要电信运营商不得不将重心暂时转移至优化现有网络性能上，以确保能够承载激增的数据流量，满足民众的基本通信需求。这一策略性调整，不可避免地延缓了部分原定的 5G 基站部署计划。此

外，疫情还间接影响了多个国家的无线电频率许可审批流程，进一步放慢了5G网络基础设施建设的步伐。

尽管如此，截至2021年年末，欧盟27国已累计建成147 308个5G基站，这一数字虽仅占4G基站总数的23.51%，却标志着欧洲在克服重重困难后，仍坚定不移地推进着5G时代的到来。这些基站如同未来通信网络的基石，正逐步构建起覆盖更广泛、速度更快、连接更稳定的数字生态系统，为欧洲经济的数字化转型与社会的全面进步奠定了坚实基础。

（1）英国：从5G先锋到三年的滞后。

自2016年起，英国便立下宏愿，誓要在5G领域成为全球引领者，以获得巨大的市场红利。从《数字战略》到《下一代移动技术：英国5G战略》，再到《产业战略》，一系列战略文件不断重申并细化了这一目标及实施路径。政府更是慷慨解囊，斥资15亿美元力推5G建设，使英国紧随瑞士之后，成为欧洲大陆第二个采用5G的国家。然而，2020年7月，一纸华为禁令横空出世，要求电信运营商在年底前停止采购华为5G设备，并计划在2027年前全面清除华为设备。这一决定对英国5G建设的影响深远。要知道，华为已在英国部署超过1.9万个基站，并占据44%的光纤市场份额，其影响力不言而喻。尽管英国考虑用日本电气和富士通作为替代选项，但全面替换华为设备预计将为沃达丰等运营商带来高达10亿~30亿英镑的额外成本。受限于基础设施不足，新网络短期内难以显著影响用户体验，如EE预计5G的全面覆盖要等到2028年。因此，在未来十年内，5G将与4G长期共存，后者仍将是语音和数据流量的主力军，同时也是计算和物联网发展的主要驱动力。

（2）德国：中立立场下的后发优势。

德国，作为欧盟的领头羊，其5G愿景是构建一个既具国际竞争力又安全可靠的5G网络。其安全标准不仅服务于"工业5.0"，更贯穿接入与传输网络的每一个环节。德国在5G布局上同样起步较早，通过频谱拍卖成功吸引了包括德国电信、沃达丰、西班牙电信及德国1&1 Drillisch在内的四大运营商参与，总拍卖金额超过65亿欧元。德国政府设定了雄心勃勃的目标：所有运营商需在2022年年底前为98%的家庭提供至少每秒100Mbit的网速，并各自建设至少1 000个5G基站。在华为问题上，德国采取了更为中立的立场，未将其单独排除，而是加强了对所有供应商的安全审查。德国电信与华为的合作继续推进，计划快速覆盖至少一半德国人口。

（3）欧洲多国：呼唤市场整合的强音。

意大利通过5G频谱拍卖收获了远超预期的收益，但其"中频"频谱的覆盖义务却相对宽松，为部分运营商提供了规避责任的空间。这一现象凸显了欧洲电信市场整合的迫切性。与美国和中国相比，欧盟市场虽拥有4亿多人口，却分散于多家大型电信集团及众多小型运营商之间，市场竞争激烈但效率不高。爱立信专家Gabriel Solomon指出，小运营商因固定成本高昂而难以维持盈利，而竞争导致的价格战更是雪上加霜。

他强调，运营商需要达到 38% 的 EBITDA 利润率才能维持最佳投资水平，而欧洲平均水平远低于此。沃达丰与德国电信的利润率数据也印证了这一点，显示出欧洲电信业在整合与效率提升方面的迫切需求。

3. 亚太地区：5G 发展的蓝海与潜力无限

亚太地区，作为移动技术创新的热土，始终走在时代前沿。从日本率先部署首个 3G 网络，到韩国引领商用 5G 时代的潮流，再到印度蓄势待发的频谱拍卖，该地区的固定与移动网络发展呈现出独特的互补性。鉴于许多亚太国家固定网络基础设施相对薄弱，它们更加积极地接纳移动宽带技术，从中汲取数字红利，加速了信息社会的转型。

The Mobile Economy Asia Pacific 2022 的权威预测指出，至 2025 年，5G 连接将占据亚太地区移动连接总量的 14%，标志着 5G 时代的全面开启。而在澳大利亚、日本、新加坡及韩国等亚太地区的发达经济体中，这一比例更是跃升至 67%，彰显了这些国家在 5G 部署上的领先地位与强劲势头。值得注意的是，尽管在部分发达市场，4G 的普及率已趋于饱和并开始下降，但在南亚与东南亚，4G 技术仍蕴藏着巨大的发展潜力，成为推动当地数字化转型的关键力量。这种区域性的发展差异，为亚太地区的整体移动通信市场描绘了一幅多元共生、潜力无限的精彩画卷。

（1）韩国：第一个 5G 商用国家，期望通过 5G 建设引领第四次工业革命。

韩国凭借其前瞻性的规划与强有力的政策扶持，率先在全球范围内实现了全国性 5G 网络的部署与商业化运营，树立了行业标杆。韩国政府在此过程中扮演了核心推动者的角色，通过设计一系列量身定制的制度框架，确保了韩国在 5G 领域的领先地位。政府精心规划了 5G 部署与商业化的时间表，并积极促进产业界、科研界与学术界之间的紧密合作，为 5G 设备、技术及应用的研发提供了全面的财政支持、行政便利、现场测试平台及多样化的激励政策，包括为企业提供的税收优惠政策，极大地激发了市场活力。

5G 战略推进委员会作为关键性合作平台，自 2015 年起便在韩国政府的指导下定期召开会议，每半年一次，致力于加速 5G 战略的实施进程。这些会议不仅促进了政策现状的分享、私营部门挑战的探讨，展望了 5G 的未来发展蓝图，为韩国的 5G 生态构建奠定了坚实基础。

在推动全球标准化方面，5G 战略推进委员会亦展现出卓越的影响力，成功推动毫米波频谱纳入国际电联的全球 5G 频谱范畴，并积极参与 3GPP 标准制定，确保韩国标准融入全球 5G 标准体系。

进入商业运营阶段后，韩国政府更是通过宣布"5G+"战略，进一步加大对 5G 发展的支持力度，包括提供税收减免及至 2022 年总额高达 270 亿美元的政府投资，旨在加速 5G 技术的深度应用与产业升级。政府还明确了 15 个基于 5G 的"战略产业方向"，涵盖五大"核心服务"与十大"核心产业"，为经济增长注入了强劲动力。

沉浸式媒体：在探索沉浸式媒体的征途上，韩国以转播职业棒球比赛为先锋，开创了前所未有的视听盛宴。作为韩国国民运动的棒球，其赛事直播借助 5G 技术，不仅实现了高质量的实时传输，更是预示着数据消费新时代的到来，推动了数据流量的显著提升。

AR/VR：5G 技术的低时延特性（低至 1 毫秒），彻底解决了 4G 时代 AR/VR 应用中常见的晕动问题，为无线 VR 耳机带来了前所未有的沉浸式体验。韩国三大电信运营商（SKT、KTF、LGT）纷纷加大在 AR/VR 领域的投资力度，力求在 5G 时代占据先机。其中，LGT 公司的"Idol Live"项目，通过 VR 技术让粉丝与偶像实现虚拟面对面，仿佛置身于演唱会现场，极大地提升了粉丝的互动体验。而 SKT 公司则推出了社交虚拟现实平台，用户能在同一 VR 空间中共享视频内容，享受虚拟相聚的乐趣。

电子竞技：游戏与电子竞技领域同样迎来了 5G 的变革。韩国运营商积极与全球游戏开发商及内容提供商合作，致力于在 5G 智能手机上推出引人入胜的"杀手级内容"，进一步推动了电子竞技行业的繁荣发展。

B2B：在 5G 时代，B2B 行业应用被视为运营商实现中长期成功的关键。通过 5G 技术，企业能够重组业务流程，充分利用垂直行业的创新优势，开辟新的收入来源。SKT 利用 5G-AI 机器视觉技术，实现了产品缺陷的自动识别与剔除，极大地提高了生产效率。而 KTF 公司的机器人咖啡师，则通过 5G 技术实现了远程监控与智能服务，为顾客提供了更加便捷、个性化的咖啡体验。

韩国信息通信技术部高级官员俊成培说过，"我们的目标是支持 5G 技术的早期商业化，从而引领第四次工业革命"。根据 Root Metrics 的最新报告，韩国首都首尔已成为全球 5G 可用性最高的城市之一，其 5G 覆盖率几乎无处不在，远超国际同类城市。这一成就不仅是对韩国 5G 战略实施效果的有力证明，更是对未来智能互联时代无限可能的生动诠释。

（2）日本：奋力追赶，缩小 5G 国际差距的"雄心之旅"。

在过去的 20 年间，日本在基础设施建设上倾注了巨额投资，铸就了世界上最为密集的网络体系之一，其高水平的网络覆盖让每一位消费者都能享受到便捷与高效。尽管目前日本居民主要依赖 4G 网络（普及率高达 98.5%），但一个鲜为人知的重要事实是：4G 与 5G 标准并非相互排斥，而是相辅相成。随着电信公司逐步引入 5G 技术，网络架构正悄然升级，许多底层设施正逐步优化，以 4G 的坚实基础支撑起 5G 时代的数据洪流。

日本政府已深刻认识到 5G 对于未来发展的重要性，自 2020 年正式推出 5G 服务以来，便积极推动移动运营商优先在城市区域扩展 5G 网络。尽管新冠病毒感染疫情带来了一定挑战，导致目前仅有 30% 的人口能够享受到 5G 技术带来的便利，但政府已设定了明确的目标：力争在 2025 年实现 97% 的 5G 网络覆盖率，并在 2030 年接近 5G 网络全面覆盖（99%）。

在此背景下，日本的移动运营商正加速推进 5G 部署。软银集团雄心勃勃，计划在 2022 年部署 5 万个 5G 基站，以覆盖 90% 的人口。KDDI 与 au 也不甘落后，计划从 2021 年 3 月的 1 万个基站迅速扩张至一年后的 5 万个。NTT DoCoMo 同样在积极行动，计划于 2021 年扩大 5G 网络规模，至 2022 年增至 2 万个基站，利用新分配的高速 5G 频谱覆盖超过 55%的人口。

Opensignal 的数据已初步显现这些部署计划的效果，自 2021 年年初以来，5G 服务范围的扩大显著加速。5G Reach 指数在短短数月内翻倍增长，从 2021 年年初的 0.6 个月迅速攀升至 5 月后 90 天内的 1.6 个月。同时，日本用户活跃 5G 连接的时间比例也从 1.2%增加至 2.7%，这显示出用户对 5G 技术的积极接纳与高度期待。

面对全球竞争，日本网络设备制造商也在奋力追赶，与全球顶尖企业同台竞技。尽管爱立信、华为、诺基亚等全球巨头的无线接入网络设备收入远超日本本土企业近 20 倍，但日本行业正处于整合期，NEC、富士通等日本本土企业正通过战略调整，力求在激烈的竞争中找到立足之地。全球企业的庞大规模赋予了它们在网络设备研发上的巨大优势，但这也激励着日本企业寻找创新路径，与全球伙伴建立更紧密的合作关系。

为抓住 5G 部署的历史机遇，重振日本在全球科技领域的领导地位，并为下一代技术的诞生奠定坚实基础，日本电信运营商、设备供应商、私营部门、政府及监管机构需携手并进，聚焦以下三大战略要务：一是运营商需构建基于全球最佳实践的下一代基础设施与产品，通过整合全球创新资源，缩短新功能上市时间，降低成本，增强竞争力；二是小型移动电信设备供应商需加强合作，探索新的增长点，灵活调整产品策略，共同应对 5G 时代的挑战；三是行业、政府与监管机构需积极与运营商和设备供应商合作，接纳新技术，推动电信行业创新，促进新产品与服务的全球拓展，重燃日本的技术领先之火。

（3）东南亚：多国有序推进 5G 逐步落地。

时任泰国副总理颂吉强调，5G 技术对泰国而言具有不可估量的战略价值，泰国誓将搭乘 5G 的"高速列车"，确保在 2020 年内完成 5G 的全面部署。新加坡通信与信息部部长伊思瓦兰则展望，5G 技术将成为新加坡数字经济腾飞的坚固基石。新加坡资讯通信媒体发展局发布的 5G 战略蓝图明确指出，该国将从 2020 年起全力加快 5G 基础设施建设步伐，以取得竞争优势。

马来西亚亦不甘落后，其通讯与多媒体委员会于 2020 年年初启动了雄心勃勃的"5G 示范计划"，斥资 1.43 亿林吉特（折合人民币约 2.35 亿元），旨在打造 72 个 5G 应用场景，其中旅游胜地兰卡威更是成为重点布局区域，计划建设 35 个 5G 站点。此举迅速得到了该国主要电信运营商的积极响应。柬埔寨邮电与电信部部长川依塔则直言，5G 技术的发展是实现柬埔寨数字经济愿景的关键所在。

文莱则在《数字经济总体规划 2025》中，将 5G 技术视为推动国家可持续发展的创新引擎，并成立了专项工作组，汇聚产学研的各界力量，深化 5G 技术的研究与应用。此外，近年来，东盟积极推动以智慧城市网络为核心的数字经济合作，而 5G 技术作为智慧城市的基石，正受到越来越多东盟高级官员的重视与推动。

东南亚多国正以稳健的步伐推进 5G 技术的落地实施。部分国家通过小规模商用、构建实验网络等方式，积极探索 5G 技术的本土化路径。越南 Viettel 公司率先在河内市与胡志明市进行 5G 试验，并于 2020 年年底正式推出 5G 服务，标志着越南 5G 时代的正式开启。柬埔寨、菲律宾等国亦不甘示弱，纷纷开展 5G 实验项目与商用服务，展现出对 5G 技术的强烈兴趣与坚定决心。

新加坡政府更是设定了宏伟目标，计划在 2022 年实现全国半数区域 5G 信号覆盖，至 2025 年则全面部署两套 5G 网络，以构建全球领先的数字基础设施。泰国 5G 频段拍卖的激烈竞争，也彰显了该国对 5G 技术的渴望与投入。老挝、马来西亚、印度尼西亚等国同样在加快步伐，通过实验部署、网络升级、频段拍卖等方式，为 5G 的大规模商用做足准备。

新冠病毒感染疫情的暴发，进一步凸显了 5G 技术在支撑社会运转中的重要作用，远程办公、视频会议、在线医疗等应用场景的广泛普及，对东南亚地区的网络基础设施提出了更高要求。面对挑战，各国发展 5G 技术的意愿愈发强烈，尽管疫情带来一定影响，但各国仍在努力克服，加速推进 5G 相关工作。泰国、柬埔寨等国的电信运营商更是将 5G 技术应用于疫情防控一线，通过远程医疗、自动驾驶系统等高科技手段，为抗击疫情贡献力量。

二、国内 5G 运行现状

（一）5G 部署和普及率稳中向好，技术标准持续创新

随着消费者对 5G 套餐的广泛采纳，4G 的普及率在历经 2020 年的巅峰之后，于 2021 年步入下行通道，这一趋势鲜明地反映了 5G 技术的迅猛崛起。中国，在这场全球 5G 竞赛中，已稳固地占据了领头羊的地位。据工业和信息化部的数据，截至 2022 年 7 月底，中国 5G 移动用户规模已历史性地突破 4.75 亿大关，与 2021 年年末相比，实现了 1.2 亿用户净增长，彰显了 5G 市场在中国前所未有的发展活力与潜力。

中国 5G 采用率的飙升，背后离不开多重因素的强劲驱动：一是日益成熟的终端生态系统，为用户提供了更加丰富多样的 5G 设备选择；二是 5G 手机的持续热销，成为推动 5G 普及的关键力量；三是网络覆盖的迅速扩展与优化，确保了用户能够随时随地畅享 5G 带来的高速、低时延体验。这一系列积极因素相互作用，共同铸就了中国在全球 5G 应用领域的领先地位。

根据工业和信息化部的数据，中国运营商已在全国范围内成功部署超过 197 万个 5G 基站，构建了庞大的 5G 网络体系。与此同时，我国香港地区的 5G 网络覆盖率已傲人地跨越 90% 的里程碑，彰显了 5G 技术在中华大地上的全面渗透与普及。目前，中国不仅实现了所有地级市、县级行政区及 96% 乡镇的 5G 网络覆盖，还标志着 5G 时代的全面到来。

消费者对于 5G 升级的渴望同样强烈。GSMA 智库预测，至 2025 年，中国 5G 连接

数将增至8.92亿，采用率预计达到52%，标志着5G服务将深入千家万户。值得注意的是，中国大陆地区超过八成的智能手机用户表示愿意为享受5G服务支付更高费用，这一积极信号预示着5G核心营业收入在未来几年内将持续保持正增长态势。

回望中国移动通信行业的辉煌历程，从3G时代的奋力突破，到4G时代的并肩前行，再到如今5G时代的领航全球，每一步都凝聚着行业的不懈努力与卓越成就。在3GPP 5G标准制定中，中国企业以强大的技术实力积极参与，不仅贡献了重要的技术提案，更在全球标准制定舞台上扮演了举足轻重的角色。

（二）努力完善5G供应链，减轻美国技术封锁带来的影响

当前，我国5G芯片产业正处于蓬勃发展的成长中期阶段。面对美国对中国企业实施的全面技术封锁策略，5G商用化的紧迫性促使我们加速推进芯片的自主研发进程，以确保技术自主与供应链安全。自2019年起，一系列旨在推动5G发展的政策措施密集出台，为5G基站建设及下游应用领域的拓展，如智能手机、智能网联汽车等注入了强劲动力。

中美贸易摩擦的持续升级，不仅是对我国5G芯片产业链的严峻考验，也是推动其向上游关键环节延伸、提升整体竞争力的催化剂。随着2019年5G正式迈入商用化新纪元，特别是"新基建"战略中5G作为核心要素的加速部署，为5G技术的广泛应用奠定了坚实基础。

在此背景下，国内对5G芯片的重视程度空前高涨，极大地激发了社会各界对相关领域的投资热情。众多企业纷纷入局，共同推动5G芯片产业向快速成长期迈进。技术层面的不断突破与商用化进程的加速推进，正引领着整个行业向着高速成长阶段大步前行，预示着我国5G芯片产业将迎来更加辉煌的明天。

2020年第二季度，华为海思麒麟芯片在中国5G手机芯片市场占比跃升至54.8%，超越高通的29.4%和联发科的8.4%。相比之下，2019年高通占据了41%的市场份额，主导了市场，而华为仅占14%。5G新基建促进基站芯片需求激增，预计5G基站数将是4G的1.5倍，射频前端芯片需求因此大增，特别是载波聚合和MIMO技术推动。基站5G芯片市场因低体积功耗要求而参与者众多，中兴微电子、华为等已量产。国产GaN功率放大器芯片研发活跃，但基站射频单元芯片自给率仍低。

（三）5G to B市场应用逐步展开

在智能政务领域，中国各级政府正深化政务与公用事业的信息化进程，稳健迈向数字政府的新纪元。借助5G技术的赋能，智慧政务大厅的蓝图已清晰呈现，并在法院、海关等关键部门率先试点个性化应用，如广州5G智慧法院，依托5G网络实现4K超高清音视频的无缝传输，确保法官、原告、被告三方信息同步，远程庭审不再受网络速度桎梏，预示着大规模5G远程庭审时代的到来，极大地降低了当事人的诉讼成

本，提升了诉讼效率，深刻诠释了"一次不用跑"的政务服务新理念。

在智能安防方面，5G 携手边缘计算、视频监控等前沿技术，有效地解决了传统安防系统响应迟缓、监控质量不佳的难题，以更快的响应速度和更高的精确度守护公共安全。河北省雄安新区搭建的 5G 综合治理管理平台，集成了数据采集、立体化防控、移动执法、视频调度指挥及资源传输整合等功能，为城市安全治理树立了新标杆。

在环境监控领域，5G 网络为海量环境监测设备搭建了高效的数据桥梁，结合大数据分析与视频监控技术，实现了跨区域数据共享与联防联控的深化。以杭州市千岛湖为例，5G 赋能无人机巡更、高清视频实时监控及 VR 远程精细管理，结合物联网、人工智能与大数据，实现了水域治理的智能化与精准化。

视频直播行业正加速拥抱 5G 带来的变革，体育赛事、新闻直播、演唱会等大型活动对 5G 网络的依赖日益增强，不仅拓宽了传统媒体的传播渠道，更激发了无限的创新应用可能。中央广播电视总台通过"5G+4K/8K+AI"战略，成功在 2022 年北京冬奥会上实现了 8K 超高清转播，引领了视听体验的新风尚。

在云游戏领域，5G 的普及彻底打破了带宽限制，为云游戏的发展铺平了道路，与 VR/AR、语音识别、视野追踪等技术的深度融合，开启了沉浸式游戏体验的新纪元。"咪咕快游"作为中国移动的战略性云游戏平台，全面覆盖各类游戏，提供跨平台无缝体验，依托全国布局的云游戏服务节点，确保了服务的稳定与可靠。

在智能家居方面，5G 不仅带来了更快的传输速度，还满足了智能家居设备对低时延的严格要求。从智能安防到日常购物，智能家居正逐步实现"万物智联"。苏宁通过 Biu OS，集成了多元化的交互方式，如语音、人体感应、面部识别等，为用户打造了一个无干扰、高度个性化的智能生活空间。

在智能医疗领域，5G 技术正深刻改变着中国医疗服务的面貌，尤其在远程诊断、远程手术及应急救援等方面展现出巨大潜力。通过 5G 远程操控机器人进行超声检查、手术操作以及精准的手术与病情识别，医疗服务的边界被不断拓宽。例如，解放军总医院海南医院与北京第一医学中心的专家团队，利用 5G 技术跨越 3 000 千米，成功为三亚的帕金森病患者实施了脑起搏器植入手术，开启了远程医疗手术的新篇章。

（四）5G 行业在"后疫情"时代促进了国家经济发展

5G 行业持续为中国经济注入强劲动力，发挥着不可估量的价值。2021 年，移动技术及其相关服务领域成为中国经济增长的重要引擎，贡献了高达 5.6% 的 GDP 增长率。此外，移动生态系统所构建的广泛网络，不仅直接和间接地催生了约 600 万个工作岗位，极大地促进了社会就业与人才发展，还通过税收渠道为政府贡献了接近 1 000 亿美元的财政收入，为国家的财政稳健与公共服务的持续优化提供了坚实的支撑，彰显了其在国民经济中的核心地位与深远影响。

自新冠病毒感染疫情全球蔓延以来，移动行业在构建稳固且高速的网络基础设施方面扮演了至关重要的角色，为维持社会稳定与经济正常运转奠定了坚实基础。这场危机不仅凸显了 5G 技术对于社会运转的非凡价值，还成为推动经济复苏、促进可持续发展、增强未来抗冲击能力的强大驱动力。先进的连接技术，特别是 5G 与物联网的深度融合，正引领着行业数字化转型的浪潮，显著提升生产力和效率，为全球经济注入新的活力。

展望未来，5G 技术有望从 2025 年起在全球范围内产生更加显著的积极影响。尽管当前阶段，由于电信企业正聚焦基础设施的铺设与技术普及，5G 对经济增长的直接贡献有限，但这一局面即将发生深刻变化。随着 5G 应用的广泛普及，其前期投资将逐步转化为推动全球经济发展的强大动能。

在中国，5G 网络建设正处于规模扩展的中坚阶段，其商用化进程正以前所未有的速度重塑经济社会面貌。当前，5G 主要通过投资拉动与终端消费引领，激发经济新活力。从长远来看，5G 作为数字经济时代的标志性技术，不仅将持续拉动信息消费增长，更将成为社会信息流通的核心脉络，深入渗透至各行各业的生产流程之中，极大地放大数字技术对经济发展的倍增效应。

具体而言，5G 的蓬勃发展正引领 ICT 产业迈向新的增长轨道：一方面，5G 商用化促使运营商开启新一轮投资周期，中国移动、中国联通和中国电信三大运营商在 5G 网络上的资本支出持续攀升，成为推动行业创新的关键力量；同时，5G 技术还激发了云计算、数据中心、人工智能等新兴领域的投资热潮，吸引电信运营商、互联网巨头、ICT 设备供应商及第三方数据中心提供商纷纷加大投入力度。另一方面，5G 手机终端的大规模普及也进一步推动了信息消费的转型升级，运营商的业务表现稳中有进，移动通信业务的 ARPU 值实现正增长。

此外，5G 还为社会经济的创新发展开辟了广阔的新天地。它不仅为传统行业提供了低成本、高效率的远程操控解决方案，助力生产方式的根本性变革；更通过其强大的连接能力，与交通、医疗、教育、娱乐等行业深度融合，为社会治理与公共服务模式的创新提供了无限可能，极大地提升了城市管理与居民生活的品质和效率。

（五）技术标准演进步入 5G-A 阶段

5G-A 作为第五代移动通信网络的深化演进，是迈向未来数字时代的关键桥梁。它不仅继承了 5G 技术的核心优势，更在此基础上进行了全面的性能提升与应用拓展，以满足日益增长的数字化转型需求。5G-A 的出现标志着移动通信技术迈向了一个全新的发展阶段，其核心在于构建更加高效、灵活、智能的通信网络体系。

相较于现行的 5G 技术，5G-A 展现出了更为卓越的网络性能。首先，在数据传输速率上，5G-A 实现了质的飞跃，能够将下行速率提升至万兆级别，上行能力也跃升至千兆水准，这样的速率提升为高清视频传输、远程实时交互、大规模数据处理等应用提供了强有力的支持。同时，5G-A 在连接能力上同样表现不俗，能够支持从百亿级到千亿级的物联设备接入，为物联网、智慧城市、智能制造等领域的广泛应用奠定了坚实基础。

除速度与连接能力的显著提升外，5G-A 还引入了多项创新特性，以应对未来数字化转型的多样化需求。确定性体验是其亮点之一，通过优化网络调度与资源管理，确保关键业务的数据传输时延可控、可靠性高，为自动驾驶、远程医疗等场景提供了重要保障。此外，高精度定位、轻量化设计以及无源物联等新特性的加入，进一步拓宽了 5G-A 的应用场景，使得其在精准农业、智慧物流、环境监测等领域展现出巨大的应用潜力。

从表 4-1 的数据与 5G 演进特点中可清晰洞察，3GPP 5G 标准已稳健迈入 R18 版本的规划制定阶段，这一里程碑标志着 5G 技术正式踏入 5G-A 这一深度演进的新纪元。R18 标准预计将于 2024 年上半年完成，不仅标志着对宽带能力的显著增强与垂直行业精细化设计的全面优化，还预示着新业务场景的广泛开拓，展现了 5G-A 向 R19、R20 及未来更多版本持续演进的坚定步伐。

表 4-1　5G 演进特点汇总

5G 标准名称	R15	R16	R17	R18	R19
阶段划分	5G 基础标准	5G 完整标准	5G 增强标准	5.5G	5.5G
冻结时间	2019 年 3 月	2020 年 7 月	2022 年 6 月	2024 年 6 月	预计 2025 年 12 月
侧重场景	eMBB 和基础 URLLC	eMBB 增强和 uRLLC 能力完善	持续扩展	5G-A	5G-A
增强移动宽带	中低频 eMBB 基础毫米波 eMBB	毫米波 eMBB 增强（传输和部署能力）	扩展频段：中频、毫米波；多天线能力持续提升；初步拓展空、天、地覆盖	持续增强移动宽带：提升频谱效率业务能力；提升部署灵活性；非地面通信增强	面新业务新场景持续增强：上下行超宽增强 RAN 新型无源物联网（支持 A-IoT 类终端，重点演进设备供能方式、节点能力及 5G 网内其他设备的兼容性等问题）
低时延高可靠	基础uRLLC承载	完善的 uRLLC 能力；支持时间敏感网络；基层车联网	高容量 uRLLC；更丰富车联网场景	垂直行业精细化设计：专用类终端专有场景增强更灵活组网方案	
物联网	NB-IoT 技术支持的 mMTC	5G 核心网支持 NB-IoT 和 eMTC	中高速大连接物联网		
网络基层能力	服务化架构基础设计；服务化协议定义；网络切片，边缘计算	直连通信（NR-V2X）、米级定位、5G 广播；广播网络基础能力增强；网络智能化	亚米级定位；多播广播；5G 与人工智能融合	新业务场景开发；新业务网络要求；AI 增强网络性能；支持各类 AI 应用	通感融合；扩展现实增强；AI 融合
安全	基本安全机制	安全架构演进	物联网安全	应用	

2023 年 12 月，3GPP 宣布了 R19 首批涵盖 16 个 RAN 领域的立项课题，此举标志着 5G-A 国际标准制定的车轮已加速驶入全新轨道，技术创新的步伐愈发坚定而有力。5G-A 的加速演进，其核心在于对沉浸实时体验、智能上行能力、工业互联融合、通感一体化、千亿级物联网覆盖以及天地融合通信六大前沿应用场景的精准定位与深度探索，从网络架构、终端设备到云端服务，实现了端到端的全面升级与强化，从而使网络能力实现了质的飞跃。

在此背景下，5G-A 的代表性技术框架已日渐清晰，包括 RedCap 技术在内的多项关键技术正引领行业前行（见表 4-2）。RedCap 以其成熟的商业化条件，成为推动 5G-A 广泛应用的重要力量；而通感一体化与空天地一体化技术，则正处于技术验证与测试的高速推进阶段，预示着未来通信领域的无限可能。此外，手机直连卫星技术的商用化进程已在部分领先手机厂商中初现端倪，这一技术将为用户带来前所未有的通信体验。多家运营商更是紧跟时代潮流，推出了基于 5G-A 的新通话业务，以卓越的交互式通信能力，为用户开启了通话体验的新篇章。

表 4-2　5G-A 代表性关键技术

5G-A 关键技术	技术特性	应用领域
RedCap	相比于 5GeMBB，通过带宽、天线数等终端剪裁降低 5G 终端复杂度和成本，提供中高速率业务承载能力	视频监控、车联网、可穿戴、电力、石化、工业等
通感一体	通信网络实现通信感知一体化。道路水平感知精度 1 米以内、100 毫秒时延；低空水平感知精度 5 米以内	车联网、自动驾驶、无人机监管等
空天地一体化	手机直连、星地融合，建设全球广域覆盖的空天地一体化三维立体网络	高轨：短消息、双向语音对讲、窄带物联；低轨：短消息、语音通话、宽带数据等
智能化网络	通过智能化技术在电信网络中的应用和融合，可提高网络效能，降低运维成本，提升网络智慧运营水平	行业数智化转型、网络、安全、管理、自动驾驶、XR
确定性网络	满足低时延、有界抖动、高精度时间同步、高可靠等确定性通信需求	工业互联网、云 XR、车联网等
无源物联网	低成本、低功耗、易部署、免维护的无源物联网。低成本米级定位，具备多传感融合、环境自采能力。功耗降至微瓦级	制造、物流、医疗、粮食储备、畜牧、能源、石化、交通、园区、政务等
交互式通信能力增强	低时延、上行大带宽，高清化、交互式、沉浸式及开放性的交互式通信，为用户提供除音视频之外的更丰富的实时交互服务	新通话、XR、云游戏、远程协作
算网融合	多元异构、海量泛在的算力实施，通过网络连接形成一体化算网技术与服务体系。具备算力资源高效集约、算网设施绿色低碳、算力泛在灵活供给、算网服务智能随需等特征	云 XR、泛在物联、车联网

资料来源：中移智库、业界、TDIA。

我国 5G 技术已稳健迈入 5G-A 的新纪元，在商用部署、技术验证与多元化应用场景等维度均取得了举世瞩目的成就。在商业部署的宏伟蓝图中，中国移动于 2024 年 3 月在杭州率先拉开全球 5G-A 商用部署的序幕，并隆重揭晓首批覆盖 100 座城市的商用网络名单，誓师于年内将这一宏伟的网络版图扩展至全国 300 座城市，以铸就全球规模最大、覆盖最广的 5G-A 商用网络。与此同时，中国联通与中国电信亦不甘落后，正紧锣密鼓地推进各自 5G-A 网络的建设与商用化进程，共同书写中国 5G-A 时代的辉煌篇章。

在技术验证与试点的尖端领域，我国科技巨头华为已在青岛、威海等地成功完成了 5G-A 三载波聚合技术的试点验证。这一里程碑事件标志着我国 5G-A 技术实力实现了质的飞跃，站在了全球技术的前沿。紧随其后，广州电信携手中兴通讯，在广州这座城市的中轴线上，将多项 5G-A 商用技术化为现实，引领广州全面迈入 5G-A 商用新纪元。尤为值得一提的是，中国移动更是在 2024 年 4 月将 5G-A 的足迹延伸至世界之巅——珠穆朗玛峰区域，成功开通首个 5G-A 基站，让这一全球最高峰也沐浴在了 5G-A 的先进光芒之下。

在应用场景的广阔天地中，5G-A 技术正以前所未有的速度渗透并重塑着多个行业生态。从智慧交通的流畅运行，到智慧物流的高效配送；从智慧安防的严密守护，到智慧机场的便捷服务，5G-A 以其强大的连接能力与数据处理速度，为这些领域带来了前所未有的变革。此外，5G-A 还成为推动 XR（扩展现实）、裸眼 3D 等前沿技术发展的关键力量，为用户带来了更加身临其境、震撼人心的沉浸式体验。

随着全球通信标准组织 3GPP 对 5G-A 相关标准的持续推出与完善，5G-A 技术正步入商用冲刺的黄金时期。未来，5G-A 将在智能制造、智慧城市、自动驾驶等众多领域大放异彩，为经济社会的发展注入更加强劲的新动力，开启一个万物智联、高效协同的新时代。

三、我国 5G 产业区域竞争力分析

（一）整体情况分析

我国 5G 产业在区域竞争格局中展现出鲜明的梯度发展特征，东部地区稳坐领头羊位置，中部地区奋力追赶，而西部地区则呈现出加速崛起的强劲态势。据工业和信息化部的最新数据披露，截至 2023 年 3 月底，东部地区不仅在 5G 基站部署上达到了 124.4 万个，占该区域移动电话基站总数的 25.7%，其 5G 移动电话用户数量也跃升至 2.769 3 亿户，占比高达 37.5%，均远超中西部及东北地区。

具体而言，中部、西部及东北地区虽在 5G 建设上同样取得了可观进展，但相较于东部地区，其 5G 基站数量分别为 57.5 万个、65.7 万个和 16.9 万个，占各自区域移动电话基站总数的比例分别为 23.5%、21.1% 和 23.1%，显示出一定的差距。同时，这些地区的 5G 移动电话用户数也分别达到了 1.437 亿万户、1.596 4 亿万户和 0.397 1 亿万户，占比依次为 36.2%、35.5% 和 33.3%，虽具一定规模，但仍有提升空间。

从产业链布局视角审视，各区域依托自身独特的产业基础和资源优势，构建了各具特色的 5G 产业集群。东部地区，特别是广东、江苏、浙江等省份，凭借雄厚的经济实力与科技创新能力，成为 5G 产业链上下游企业的首选之地。广东在通信设备制造与芯片设计领域独占鳌头，江苏则在光纤光缆、光模块等核心元器件制造上展现出强大实力。中部省份如湖北、湖南，在 5G 技术研发与应用方面虽奋力前行，但与东部相比仍存在差距。而西部地区，尽管起步较晚，四川、重庆等地通过精准的政策引导与资源倾斜，正加快 5G 产业的崛起步伐。

此外，我国 5G 产业园区建设如火如荼，遍布广东、浙江、江西、河南、上海、四川、山东等多地，形成了多点开花、蓬勃发展的良好局面。其中，广东以 8 个 5G 产业园区的数量傲视群雄，彰显了其在 5G 产业发展中的领先地位。浙江与江西紧随其后，各拥有 7 个产业园区，共同构建了较为完善的 5G 产业生态体系，为推动我国 5G 产业的全面发展注入了强劲动力。

（二）重点区域分析

1. 江苏省

（1）政策支持。

江苏省在 5G 产业的蓬勃发展上，精心策划并实施了一系列前瞻性的政策支持举措，旨在加速 5G 基础设施的铺设、激发 5G 应用创新的活力，并持续优化产业发展生态。《江苏省"十四五"新型基础设施建设规划》不仅明确了未来五年新型基建的宏伟蓝图，还特别指出至 2025 年，江苏省将力争建成 25.5 万个 5G 基站，实现全域网络覆盖，并力推"5G+"在工业制造、交通物流、智慧城市等关键领域的深度融合与应用示范。《江苏信息通信业 2024 年新型信息基础设施提升行动实施方案》更是确立了"四强省"战略目标，即打造 5G、光网、算网及应用赋能的强省地位，并细化出五大专项行动路径，通过政策导向与资金激励，激励电信运营商加速 5G 基站布局，优先在战略区域、重点行业及关键场景部署，构筑起 5G 网络的区域优势。这一系列政策组合拳，有效推动了江苏省 5G 产业的蓬勃发展，成果斐然。

（2）基站建设。

江苏省在 5G 基站建设上展现出强劲的增长势头，2024 年目标直指年底前新增 28 万个 5G 基站，稳居全国第二位的领先地位。相较于 2023 年同期的显著扩张，这一成就彰显了江苏省在 5G 基础设施建设上的高效执行力与前瞻布局。截至 2024 年中期，江苏省的 5G 网络已全面覆盖城乡乃至近海区域，超过 98% 的行政村及广泛的城市均沐浴在 5G 网络的阳光下。尤为值得一提的是，江苏省还率先实现了近海 30 千米范围内移动信号的全面覆盖，包括海岸线、海岛及海上风电平台等，彰显了其在海洋通信领域的领先地位。此外，江苏省正积极探索 5G 技术的升级路径，如 5G-A 的试点应用，并在多个工业重镇开展技术验证，为 5G 技术的深度应用奠定坚实基础。同时，光网能力的提升与算力资源的扩充，也进一步巩固了江苏省在新型信息基础设施领域的领先地位。

（3）行业应用。

江苏省的 5G 工业互联网应用犹如雨后春笋般涌现，多个 5G 全连接工厂的成功案例，如苏州味全 5G 车间、江苏新视界 5G 工厂等，成为行业标杆。5G 与制造业、智慧交通、智慧农业、智慧教育等领域的深度融合，催生了丰富多彩的应用场景，为各行各业带来了前所未有的变革与提升。特别是在教育、旅游、医疗和能源等行业，"5G+智慧医疗""5G+智慧教育"等项目的深入实施，不仅提升了服务效率与质量，更推动了行业的数字化转型与智能化升级。目前，江苏省的 5G 应用签约项目已突破万项大关，其中"5G+工业互联网项目"与 5G 工厂数量更是分别达到 4 000 个与 500 个，这些项目的成功落地，为江苏省 5G 产业的持续繁荣注入了强劲动力。

2. 浙江省

（1）政策支持。

浙江省在 5G 领域展现出了前瞻性的政策视野与坚定的执行力。《浙江信息通信行业现代化发展创新赋能新型工业化实施方案（2024—2027 年）》精准布局了"五大任务"与"十项行动"，旨在通过科技创新的引擎驱动，加快算网融合新基建的建设步伐，为实体经济数字化转型插上翅膀，推动新型工业化进程迈向新高度。该方案设定了雄心勃勃的目标，预计到 2027 年，浙江省将拥有超过 30 万个 5G 基站、工业领域 5G 虚拟专网突破 1 000 个、5G 全连接工厂增至 300 个以上，构建起全球领先的 5G 应用生态。同时，《浙江省关于进一步深化电信基础设施共建共享 促进"双千兆"网络高质量发展的实施方案》则聚焦电信基础设施的协同共享，旨在通过资源共享、优化布局，促进 5G 与千兆光网的深度融合与高质量发展，确保到 2025 年年底，重点场所 5G 网络覆盖率超 95%，为"双千兆"时代奠定坚实基础。浙江省的这些政策举措不仅为 5G 网络的广泛覆盖和深度应用提供了有力保障，更在推动数字经济与实体经济深度融合方面迈出了坚实步伐。

（2）基站建设。

浙江省在 5G 基站建设领域取得了令人瞩目的成绩。截至 2024 年 5 月 29 日，全省已累计建成 5G 基站 23.5 万个，数量上稳居全国前列，实现了行政村 5G 网络的全覆盖，为数字乡村建设奠定了坚实基础。这一成就不仅彰显了浙江省在 5G 基础设施建设上的高效执行力与卓越成果，更为后续 5G 应用的广泛推广与深度融合提供了强有力的支撑。浙江省并未止步于此，而是继续加大投入力度，推进 5G 基站建设，力争在未来几年内实现更多区域的深度覆盖与优化升级。同时，浙江省还注重提升网络覆盖质量，通过实施"信号升格"等创新举措，扎实推进 5G-A 网络及工业园区等重点场景的网络深度覆盖。此外，在光网络新技术方面，浙江省也走在了全国前列，积极推进 50G-PON、800G OTN 等新技术的创新与试点应用，致力于构建更加先进、智能、可靠的全光网络体系。

（3）应用创新。

浙江省在推动 5G 与各行业的深度融合方面展现出了强大的创新力与执行力。在工业互联网领域，浙江省通过打造 5G 全连接工厂、推广典型应用场景等举措，成功实现了生产过程的智能化与数字化升级，为企业转型升级提供了有力支撑。在其他领域如智慧医疗、智慧交通、智慧教育等，浙江省也积极探索 5G 技术的应用创新之路，形成了一批具有示范意义的 5G 应用项目，为行业发展注入了新的活力与动力。浙江省在 5G 应用创新方面不断突破自我限制，勇于尝试新的应用场景与技术方案。例如，在智能制造领域，基于 5G 技术的机器视觉质检应用已经得到广泛应用并取得显著成效；在车联网领域，浙江省也积极推动 5G 技术的深度应用以实现更加智能、安全的交通出行体验。这些创新应用不仅提升了行业效率与服务质量，还推动了浙江省乃至全国数字经济与实体经济的深度融合与协同发展。

3. 上海市

（1）政策支持。

上海市以前瞻性的政策布局为引擎，精心绘制了 5G 网络建设与应用的宏伟蓝图。上海市通信管理局携手上海组合港管理委员会办公室及上海海事局，共同颁布了"5G 网络近海覆盖和融合应用'5G 揽海'行动计划（2023—2024 年）"，旨在深度拓展上海 5G 网络的近海覆盖与应用边界，将其打造成为智慧海洋领域的创新高地、引领区与示范区。该计划创新性地提出构建陆海空天一体化的海洋网络体系，通过多平台协同，促进助航、风电、海工等行业的设施共享与双向赋能，重点探索海洋监管、科技、经济等多元化智慧场景及智能航运要素，引领海洋 5G 融合应用的新一轮创新发展。同时，《上海市进一步推进新型基础设施建设行动方案（2023—2026 年）》明确了上海市迈向全球双万兆城市的宏伟目标，即至 2026 年年底，初步构建起以 5G-A 和万兆光网为基石的新型基础设施体系，加速数字经济与实体经济的深度融合，为上海市的城市数智化转型与经济社会高质量发展注入强劲动力。此外，上海市还积极促进 5G 与 AI、物联网等前沿技术的融合创新，携手推动数字经济与智能制造的飞跃发展。

（2）基站建设。

上海市正全力推进"满格上海"5G 网络深度覆盖行动计划，力求实现市域全面覆盖、重点区域深度优化的目标，构建起三维立体、响应迅捷、智能灵活的 5G 网络生态。截至 2024 年 6 月 30 日，上海市已建成近 9 万个 5G 基站，基站密度与占比均领跑全国，平均每平方千米布局 14.2 个基站，平均每万人享有 36.5 个基站，彰显了其在 5G 基础设施建设上的卓越成就。这些基站不仅深入中心城区，更广泛覆盖至东西部关键功能区域、五大新城、特色商圈、历史风貌区及"一江一河"沿岸，形成了全方位、多层次的 5G 网络覆盖体系。同时，上海市还扩大了对地铁、医院、学校、文旅、交通、园区等重点场所的 5G 网络覆盖面，让 5G 技术深度融入市民生活的每一个角落。

（3）行业应用。

上海市积极探索 5G 技术与各行各业的深度融合路径，以数字技术为笔，绘制出千行百业数字化转型与高质量发展的壮丽画卷。从政府机关到医疗机构，从校园教育到文化旅游，从交通运输到产业园区，5G 应用已"遍地开花"，成为推动各行各业转型升级的重要力量。在智能制造领域，上海市依托"5G+工业互联网"的融合创新，助力宝钢等企业实现绿色钢铁"智"造的跨越式发展。在文旅领域，上海市则利用 5G 技术打造红色文化新体验，如中共一大纪念馆的"数字一大元宇宙"项目，让历史记忆以全新的方式触达人心。此外，上海市还在 MWC 上海展会上展示了 5G-A 与 AI 技术融合的科幻场景现实化应用，如数字人定制、机器人咖啡制作、"5G+AI+裸眼 3D 体验"等，引领未来科技生活新风尚。同时，上海市还致力于推动 5G-A 物联网在工业智能化领域的深度应用，通过研发创新产品如确定专网、无源物联网系统等，进一步提升生产效率与智能化水平。随着 5G 产业链的日益完善与政策的持续加持，上海市将继续深化 5G 基础设施建设、推动应用创新与产业赋能，并积极拓展国际合作与交流，为数字经济与智慧城市的发展贡献更多"上海智慧"与"上海力量"。

4. 广东省

（1）政策支持。

广东省在驱动 5G 产业蓬勃发展上展现出非凡的战略远见与坚定决心，其出台的一系列政策措施犹如"强心剂"，不仅加速了 5G 基础设施的飞跃式建设，更激发了 5G 技术在各行各业的创新活力与应用潜力。《广东省加快 5G 产业发展行动计划（2019—2022 年）》如同"灯塔"，为广东省 5G 产业绘制了清晰的发展蓝图，明确了从基础设施建设到技术创新、再到产业生态培育的全链条发展路径，旨在将广东省打造成为全球 5G 产业的璀璨明珠与全国网络建设的领航者。随后，《广东省 5G 基站和数据中心总体布局规划（2021—2025 年）》进一步细化了战略部署，精确到每一基站的布局、每一数据中心的规划，确保 5G 网络覆盖的广度与深度，以及网络性能与服务质量的双重飞跃。此外，广东省通过资金补贴、税收优惠等多元政策手段，为符合条件的 5G 建设项目铺设了绿色通道，有效降低了企业的投资门槛与运营成本。

（2）基站建设。

在广东省政府与相关部门的鼎力支持下，电信运营商"如虎添翼"，加速推进 5G 基站建设。截至 2023 年年底，广东省 5G 基站数量已突破 32 万大关，这一数字不仅彰显了广东省在 5G 基础设施建设上的雄厚实力与卓越成效，更在全国范围内树立了标杆。广东 5G 基站数量占全国的比例超过 10%，稳居全国前列，实现了从城市到乡村、从主干道到重要节点的全面覆盖。深中通道等标志性工程的 5G 通信网络成功部署，更是彰显了广东省在交通一体化进程中的科技引领力。同时，地铁、医院、学校等关键场所的 5G 网络覆盖，让智慧生活触手可及。

（3）技术创新与行业应用。

广东省深谙"5G+工业互联网"的无限潜力，通过一系列示范项目，如美的厨电 5G 智慧工厂、南方电网 5G 智能电网等，生动诠释了 5G 技术如何赋能传统产业升级，实现生产流程的智能化、网络化改造，显著提升生产效率与安全管理水平。在智慧交通领域，广东利用 5G 技术打造的智能交通管理系统，不仅让出行更加便捷，更在航空医疗救援、智慧港口、智慧停车等方面展现出前所未有的效率与智慧。在智慧文旅方面，5G 网络的广泛应用为游客带来了沉浸式旅游体验，如永庆坊等地的直播套餐、智慧景区项目等，让旅游服务更加贴心、智能。在智慧医疗领域，5G 技术的引入让远程医疗、移动医疗成为可能，极大地提升了医疗服务的可及性与质量，同时，也为医疗设备的高效监管与维护提供了强大支撑。此外，广东还积极构建 5G 产业生态，通过举办创新大会、搭建交流平台等方式，促进产业链上下游企业的紧密合作与协同发展，共同推动 5G 技术的广泛应用与深度融合。

5. 北京市

（1）政策支持。

作为首都，北京市在推动 5G 发展的征途中精心绘制了一幅宏伟蓝图，通过一系列精准有力的政策支持措施，全面加速 5G 基础设施的建设，激发 5G 创新应用的活力，并深度促进数字经济与实体经济的融合共生。《关于进一步推动首都高质量发展取得新突破的行动方案（2023—2025 年)》，不仅明确了夯实先进数字基础设施、完善高品质通信体系的方向，更以双千兆计划为引擎，加速 5G 基站布局，同时前瞻性地规划 6G 网络，为城市发展铺设数字快车道。北京市政府更是以专项资金、财政补贴等实质性支持，为 5G 基础设施建设、技术创新及产业应用提供坚实的后盾，具体激励政策灵活适配项目需求，确保每一分投入都能激发最大效能。此外，北京市还通过用地、电力、网络资源及税收优惠等多维度保障，为 5G 建设保驾护航。跨部门协同机制的建立，更是打破了壁垒，强化了政府、企业及社会各界的联动，共同绘制 5G 产业发展的辉煌篇章。

（2）基站建设。

截至 2024 年 6 月 30 日，北京市 5G 基站数量已突破 11 万大关，这一数字不仅是量的飞跃，更是质的提升。5G 基站遍布城市每一个角落，从繁华核心区到宁静郊区，乃至偏远行政村，均实现了信号的精准覆盖，每万人拥有的 5G 基站数领先全国，彰显了北京市在 5G 网络建设领域的卓越成就。面向未来，北京市设定了更为雄心勃勃的目标，如 2024 年内新建 5G 基站超过 1 万个，持续扩大网络覆盖面，提升服务能力。同时，北京市还前瞻性地推进 5G-A 与 F5G-A 网络建设及应用试点，根据《北京市推进 5G-A 技术演进及应用创新行动计划（2024—2026 年）》，至 2026 年，将累计新建或改造超过 2 万个 5G-A 基站，致力于打造一个网络领先、终端领先、行业赋能领先的"双万兆"标杆城市，让网络性能与应用能力并驾齐驱，迈向新高度。

（3）创新应用。

北京市在 5G 创新应用领域的探索与实践，犹如璀璨星辰，照亮了数字经济的天空。从 2022 年北京冬奥会的智慧盛宴，到北京联通在金融街、首都机场、鸟巢等热点区域的 5G-A 基站部署，再到首钢园 5G 示范园区的全面落成，5G 技术正以前所未有的深度和广度，渗透并改变着城市的每一个角落。远程办公、智慧场馆、移动安防、无人驾驶、高清视频……一系列应用场景的落地，不仅展现了 5G 技术的无限可能，更推动社会生产方式的深刻变革。此外，北京移动在数字孪生、北京中轴线申遗及老城复兴项目中的创新应用，以及铁塔智联在智慧渔业监控中的 AI 赋能，均彰显了北京市在"5G+新技术"融合应用方面的卓越成就，为智慧城市、工业互联网、媒体文化传播等多个领域注入了强劲动力，持续推动数字经济蓬勃发展。

第五章

5G 投融资状况分析

　　作为通信产业的核心驱动力与未来增长极，5G 不仅承载着网络强国战略的深厚期望，其需求更随着国家战略的深入实施而呈现出"井喷式"增长态势。近年来，5G 领域的投融资活动犹如春潮涌动，展现出前所未有的蓬勃生机。这背后是 5G 技术从理论到实践、从实验室到广泛应用的跨越式发展，以及随之拓展的多元化应用场景——从高精尖的芯片研发到遍布城乡的基站建设，再到日益普及的智能终端设备，每一个环节都蕴含着巨大的金融需求。这股力量不仅吸引了大量传统资本的关注与投入，更激发了新兴投资力量的加入，共同推动 5G 产业链上下游的协同创新与快速发展。

　　5G 产业的发展过程本身就是一场技术革新与产业重塑的盛宴。技术迭代速度的加快，要求企业必须具备敏锐的市场洞察力和强大的技术创新能力，持续跟踪并引领技术前沿，以确保其产品或服务始终保持竞争优势。这种高度的创新性与动态性，使得 5G 产业既是一个充满机遇的蓝海市场，也是一个竞争激烈的竞技场。对于投融资者而言，这意味着在追求高回报的同时，也必须做好应对高风险的准备，具备敏锐的市场判断力和稳健的投资策略。

　　鉴于 5G 产业的上述特性，传统的融资方式已难以满足其快速发展的资金需求。因此，股权融资、风险投资、产业基金等多元化融资渠道应运而生，为 5G 产业提供了更加灵活、高效的资金解决方案。同时，5G 产业的投资主体也呈现出多元化趋势，政府、电信运营商、设备制造商、互联网企业等各方力量汇聚一堂，共同绘制 5G 产业发展的宏伟蓝图。不同投资主体在资金实力、专业背景、市场认知及风险偏好等方面的差异，进一步丰富了 5G 产业的金融生态，也对金融机构的专业能力和服务水平提出了更为严峻的挑战。

　　面对这样的市场环境，金融机构需要不断提升自身的专业素养和服务水平，以更加精准地把握 5G 产业的金融需求，提供更加个性化、定制化的金融产品和服务。同时，投融资者也应保持清醒的头脑和敏锐的市场洞察力，在追求高回报的同时，充分评估并有效管理潜在的风险因素，以实现可持续的投资回报和产业发展。

一、金融需求的一般特点

5G 产业的发展是一项深远而复杂的系统工程，它不仅依赖前沿技术的突破与创新，更离不开长期、稳定且规模庞大的资金支持。这一资金需求贯穿整个产业链的各个环节，从基础设施的构建起始，便对资金提出了极高的要求。基站建设作为 5G 网络布局的基石，其投资规模之巨、运作周期之长，无疑是一个显而易见的挑战。这一过程涵盖了从详尽的前期规划、紧锣密鼓的中期建设到严格细致的后期验收，每一步都需要巨额资金的持续注入。而 5G 基站一旦建成并投入运营，后续的运营维护同样不容忽视，包括网络性能的优化、老旧设备的更新换代以及紧急故障的快速响应处理，这些都需要金融机构提供稳定且长期的资金支持，以确保 5G 网络的持续高效运行。

更为严峻的是，我国在 5G 产业的关键零部件研发领域仍面临诸多挑战，尤其是在射频前端、光模块等核心技术上，目前尚不具备与国际领先水平相抗衡的核心竞争力，这直接导致了较高的对外依赖度。为了打破这一瓶颈，实现 5G 技术的自主可控与全球领先，政府、高校及相关企业必须携手并进，共同加大在研发、设计、实验应用等方面的资金投入力度。这不仅包括资金的直接支持，还需要构建完善的研发体系，培养高素质的研发人才，推动产学研深度融合，加速科技成果的转化与应用。通过持续不断的研发投入，我们有望在关键零部件领域取得突破，降低对外依赖度，提升我国 5G 产业的全球竞争力。

综上所述，5G 产业的发展离不开长期、稳定且规模庞大的资金支持。这不仅是对硬件设施采购与部署的需求，更是对技术研发与人才培养的迫切呼唤。只有通过全社会的共同努力与协作，才能为 5G 产业的蓬勃发展提供坚实的资金保障，推动我国在全球 5G 竞争中占据有利地位。

二、5G 产业的投融资状况

（一）总体规模

近年来，随着 5G 技术的飞速发展与商用化进程的加速推进，全球范围内对 5G 产业的关注度与投资热情持续升温。在中国，这一趋势尤为显著，5G 产业不仅成为国家战略性新兴产业的重要组成部分，也吸引了资本市场的大量资金涌入。据权威大数据研究院发布的《2023 年中国 5G 产业发展研究报告》深度剖析，2015—2020 年，中国 5G 产业经历了前所未有的快速增长期，其间累计发生了高达 356 件的融资事件，这些融资事件所筹集的资金总额更是达到了 1 278.74 亿元。这一数据不仅彰显了中国 5G 产业的蓬勃生机与巨大潜力，也深刻反映了资本市场对 5G 技术未来发展前景的坚定信心与高度认可。

进一步细化至近年来的投融资动态，IT 桔子数据库为我们提供了更为翔实的数据支持。数据显示，2018 年至 2023 年 5 月，中国 5G 行业的投融资活动持续活跃，共发生了 257 起投融资事件，涉及资金总额 407.82 亿元。这一数据再次印证了 5G 产业在中国市场上的强劲增长势头与广阔市场空间。

值得注意的是，2020 年成为中国 5G 行业投融资活动的巅峰之年。2020 年，随着 5G 商用步伐的加快与一系列政策红利的释放，5G 行业投融资事件达到 67 起，融资金额更是高达 115.11 亿元。这一数据不仅反映了市场对 5G 产业的高度热情与投资意愿，也揭示了 5G 技术在推动经济转型升级、促进产业升级发展方面的重要作用。而且，在 2020 年还诞生了 5G 产业单笔融资金额最高的纪录，达到了 50 亿元（见图 5-1）。这笔巨额融资的成功不仅为相关企业提供了强大的资金支持，更为其后续的技术研发、市场拓展与产业升级奠定了坚实的基础。

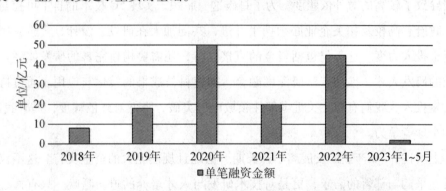

图 5-1　2018 年至 2023 年 1~5 月中国 5G 产业单笔最大投融资情况

资料来源：IT 桔子，前瞻产业研究院。

然而，与 2020 年的高峰相比，其余年份的 5G 行业的投融资活动呈现出一定的波动性。尤其是进入 2023 年以来，尽管 5G 产业整体保持稳健增长态势，但尚未出现类似 2020 年那样的单笔大额投融资案例。这或许意味着随着市场逐渐趋于成熟与理性，投资者在选择投资对象时更加注重企业的实际发展质量与长期投资价值。

此外，值得注意的是，由于部分投融资数据涉及跨国交易或采用外币结算，因此在统计过程中可能需要根据汇率进行换算。这一因素也可能对最终呈现的数据结果产生一定影响。总体而言，这些数据仍然为我们提供了一个清晰且全面的视角来审视中国 5G 产业的投融资现状与未来发展趋势。

（二）投融资轮次

根据 IT 桔子数据库全面而深入的数据分析，2018 年至 2023 年 5 月，5G 投融资活动在资本市场上展现出了清晰的轮次分布特征。这一时期，5G 技术作为新一代信息技术的代表，正逐步从理论走向实践，其商业价值与市场潜力日益凸显，吸引了众多投资者的目光。

在投融资轮次方面，数据清晰地显示出，天使轮、Pre-A 轮、A 轮和 B 轮成为 5G 投融资活动最为集中的四个阶段。这四个阶段分别代表了企业从初创期到成长期的不同发展阶段，也是投资者最为关注与青睐的投资时点。

具体而言，A 轮融资在这一时期内的频率达到了顶峰，共计发生了 63 次，充分说明 A 轮阶段对于 5G 企业而言是一个至关重要的成长节点。在这一阶段，企业通常已经完成初步的产品验证与市场开拓，展现出了良好的发展势头与潜力，因此更容易获得投资者的青睐与资金支持。

与此同时，天使轮、Pre-A 轮和 B 轮也各有其独特的投资价值与意义。天使轮作为企业最早的融资阶段，往往由个人投资者或天使投资机构参与，为初创企业提供了启动资金与初步的资源支持；Pre-A 轮则通常发生在企业完成初步产品开发与市场验证之后，为企业的快速发展与扩张提供了关键的助力；而 B 轮则标志着企业已经步入相对成熟的成长阶段，需要更多的资金来支持其业务规模的扩大与市场份额的提升。

综上所述，2018 年至 2023 年 5 月，5G 行业的投融资轮次主要集中在天使轮、Pre-A 轮、A 轮和 B 轮四个关键阶段，其中 A 轮融资以其高频次与重要性成为市场关注的焦点。这一分布特征不仅反映了 5G 行业在不同发展阶段对于资金的需求与吸引力，也揭示了资本市场对于 5G 技术及商业化前景的高度认可与期待。

（三）区域分布

根据 IT 桔子数据库详尽且权威的数据统计，2018 年至 2023 年 5 月，全球 5G 投融资活动展现出了显著的地域集中趋势，主要聚焦中国经济最为活跃与技术创新力量雄厚的几个省市。具体而言，江苏、北京、广东、上海四省市成为 5G 投融资领域的热点区域，不仅吸引了大量国内外资本的关注与投入，也见证了众多与 5G 相关企业的崛起和成长。

在这四个省市中，江苏省以其前瞻性的产业布局、完善的产业链配套以及良好的营商环境，在 5G 投融资活动中拔得头筹。据统计，在这五年多的时间里，江苏省共发生了 54 次 5G 行业的投融资事件（见表 5-1），这一数字不仅彰显了江苏省在 5G 领域的强劲发展势头，也反映了资本市场对其未来发展的高度认可与期待。江苏省内多家企业在5G通信、芯片研发、智能终端、应用服务等关键领域取得了显著成果，为行业发展贡献了重要力量。

表5-1　2018年至2023年1~5月中国部分省市5G产业投融资区域分布（按事件数量）

单位：起

轮次	2018年	2019年	2020年	2021年	2022年	2023年1~5月	合计
北京	4	12	13	13	10	1	53
辽宁	1		1				2
上海	7	6	7	5	4	1	30
江苏	3	6	17	11	14	3	54
浙江		2	6	4	1	4	17
安徽				4	2		6
福建	1		1	3			5
山东				1			1
湖北	2	2	5	4	2		15
湖南			1				1
广东	4	6	9	15	13	2	49
广西		1	2	1			4
四川		1	2	4	1	1	9
陕西	2	2	3	2	1	1	9
合计	24	38	67	66	49	13	257

资料来源：IT桔子、前瞻产业研究院。

北京市作为中国的科技创新中心，其5G投融资活动同样活跃非凡，以53次投融资事件紧随其后。北京市凭借其丰富的科技资源、深厚的人才储备以及完善的政策支持体系，为5G企业提供了良好的发展环境。众多高科技企业、科研机构以及创新团队在北京市汇聚，共同推动了5G技术的研发与应用创新，为行业注入了源源不断的活力。

广东省与上海市作为中国经济最为发达的两个地区，也在5G投融资领域展现出了强大的竞争力。广东省依托其强大的制造业基础与电子信息产业优势，在5G设备的生产制造、应用推广等方面取得了显著成效；而上海市则凭借其国际化的视野与开放的市场环境，吸引了大量外资企业与跨国公司的入驻，推动了5G技术的国际合作与交流。这两个省市的5G投融资活动同样频繁且活跃，为行业的快速发展提供了有力支撑。

综上所述，2018年至2023年5月，江苏、北京、广东、上海四个省市凭借其独特的优势与魅力，成为5G投融资活动的核心区域。未来，随着5G技术的持续演进与商业化应用的全面铺开，这些地区有望在5G领域取得更加辉煌的成就，为全球5G产业的发展贡献更多的中国智慧与中国力量。

（四）投融资事件汇总

在深入分析并总结当前5G行业投资格局的基础上，可以清晰地看到，我国5G行业的投资主体构成呈现出了以投资类企业为主导的鲜明特征。这些投资类企业凭借其敏锐的市场洞察力、雄厚的资金实力以及专业的投资管理能力，在5G领域扮演着至关重要的角色。它们不仅为5G产业的发展提供了强有力的资本支持，还通过战略投资布局，推动了5G产业链上下游的协同发展。

具体而言，投资类企业在5G行业的投资热点高度聚焦芯片类项目。作为5G技术的核心基础，芯片的研发与制造直接关系到整个5G产业的竞争力与发展水平。因此，芯片类项目自然成为众多投资类企业的首选目标。这些企业纷纷将目光投向了5G基带芯片、射频芯片、AI芯片等关键领域，通过投资具有技术创新能力和市场潜力的芯片企业，助力其突破技术瓶颈，加速产品迭代升级，以满足日益增长的5G应用需求。

随着5G技术的不断成熟与商业化应用的深入拓展，5G行业的投资热点也开始逐步向其他相关领域延伸。例如，5G网络基础设施建设、5G智能终端研发、5G应用场景创新等领域均吸引了大量投资类企业的关注与投入。这些领域的快速发展不仅为5G产业注入了新的活力，也为投资类企业带来了更加多元化的投资机会与回报路径。

2021—2023年中国5G产业投融资事件汇总见表5-2。

表 5-2　2021—2023 年中国 5G 产业投融资事件汇总

时间	公司名称	轮次	金额	投资方	主营产品	投资方类型
2023-05-04	必博半导体	Pre-A 轮	数亿元	东方富海、华瓯创投、探针创投、海松资本、卓源资本、涂鸦智能、安创投资、沸石创投、成都交子基金、杭州和达产业基金、中赢创投、黑橡树资本、无锡芯和投资	5G 工业物联网及车联网芯片	投资类+实业类
2023-02-03	观安信息	战略投资	3 亿元	国开金融、国鑫资本、卓戴投资	信息数据安全解决方案	投资类
2023-01-20	创芯葱联	C+轮	数亿元	天玑移动、俱成资本、国中资本、兰璞资本、恒兆亿、招商启航投	通信芯片	投资类+实业类
2023-01-17	地芯引力	B 轮	2 亿元	中电基金、华义创投、财通资本、杭州城投、恒邦融资、迈桥资产、前海国泰基金	芯片研发	投资类+实业类
2023-01-06	熹联光芯	B 轮	数亿元	招商局资本、昆仑资本、武岳峰资本、建信信托、芯动能投资、疆亘资本、芯鑫融资租赁等	全集成化硅芯片技术研发	投资类
2022-12-06	芯耀科技	B 轮	未透露	中科创星、无锡高新投	高端通信和智能芯片设计	投资类
2022-11-29	粤芯半导体	B 轮	未透露	建信信托、农银投资、广东省半导体及集成电路产业投资基金、广州产投	芯片生产	投资类+实业类
2022-11-14	踏歌智行	C 轮	1 亿元	宝通科技、金沙基金	矿区无人驾驶整体解决方案	投资类+实业类
2022-09-20	中科驭数	B 轮	数亿元	建信资本、金融街资本、零均投资、光环资本、泉宗资本	DPU 芯片设计研发	投资类
2022-08-19	云天畅想	C 轮	数千万美元	民生银行（民银国际）、汇沣投资等	全球互动视频云服务	投资类
2022-08-16	昆高新芯	A 轮	2 亿元	深创投、云锋基金、普华资本、北汽产投、尚欣资本、交银国际、中信建投投资、俱成资本、鼎心资本、三花弘道、国辉科投、昆高新集团	可控模数集成芯片设计	投资类
2022-07-28	智联安科技	C 轮	数亿元	东源投资、国科创业、明裕创投、善金资本、华泰宝利投资	蜂窝物联网芯片研发设计	投资类
2022-07-21	亿咖通科技	战略投资	4500 万美元	吉利控股等	汽车智能化与网联化	投资类+实业类

表5-2(续)

时间	公司名称	轮次	金额	投资方	主营产品	投资方类型
2022-06-30	粤芯半导体	战略投资	45亿元	华登国际、北汽产投、广汽集团、盈科资本、越秀产业基金、新鼎资本、招银国际、兰璞创投、广发证券、科学城集团、惠友资本、粤财控股、盛誉工控基金	芯片生产	投资类+实业类
2022-02-25	星思半导体	A轮	1亿美元	经纬创投、GGV纪源资本、BAI资本、鼎晖资本、松禾资本、华登国际、沃赋资本、衡庐资产、华金投资、亨通光电、海望信安	5G万物互联连接芯片	投资类+实业类
2022-02-17	EventX	B+轮	1800万美元	高瓴创投	虚拟会展SaaS	投资类
2022-02-09	宸境科技	A轮	数千万美元	IDG资本、斯道资本(富达亚洲)、复星锐正资本、三七互娱、OPPO、临港科创、欣旺达、BV Capital	空间智能技术研发	投资类+实业类
2022-01-30	纽瑞芯	A轮	2亿元	芯云资本、中科科创、歌尔微电子、屹唐中芯、守正贤本	通信芯片设计	投资类+实业类
2022-01-21	承芯半导体	A轮	10亿元	美国中经济集团、华兴新经济基金、常州高游投、启泰资本、武岳峰资本、中金资本、中国互联网投资基金、小米长江产业基金、快客股份、金泰福、国联资本、中经合睿信基金、欣翼资本、智和通	5G射频前端技术研发	投资类+实业类
2022-01-20	芯行纪	A+轮	数亿元	今日资本、上海国际集团/上海科创基金	数字实现BDA先进解决方案	投资类
2022-01-06	创芯葱联	战略投资	未透露	中国移动、中移投资控股有限责任公司	通信芯片	投资类+实业类
2021-12-30	地芯引力	A轮	数亿元	盈科资本、岩木草投资、浙江投资、前海国泰基金	新品研发	投资类
2021-12-21	中科驭数	A+轮	数亿元	麦星投资、昆仑资本、灵均投资、光环资本	DPU芯片设计研发	投资类
2021-12-08	创芯葱联	C轮	数亿元	金浦投资、国中资本、弘卓资本	通信芯片供应	投资类
2021-10-28	芯行纪	A轮	数亿元	祥峰投资Vertex、SK电讯创投、云启资本	数字实现BDA先进解决方案	投资类
2021-10-22	岭雁科技	A轮	数千万美元	深创投、毅达资本、合肥高投、十月资产	ICT产业解决方案	投资类
2021-09-15	力通通信	A轮	2亿元	和利资本、潇湘资本、正业资本	5G射频芯片研发生产	投资类
2021-09-15	迦美信芯	C轮	2亿元	同创伟业、软银中国资本、涌铧投资、招商证券	专注于射频领域集成电路的研发和销售	投资类

表5-2（续）

时间	公司名称	轮次	金额	投资方	主营产品	投资方类型
2021-08-30	芯百特	B轮	2亿元	复朴投资、鼎兴量子、鹰盟资本、龙鼎资本、零壹金服、篾言投资、宁波大谢鹏创股权投资合伙企业（有限合伙），润晟创业	射频芯片研发	投资类
2021-08-30	踏歌智行	B+轮	1亿元	重庆盈科投资	矿区无人驾驶整体解决方案	投资类
2021-08-03	力子光电	B轮	数千万美元	招商局资本、龙鼎资本、大有基金、东方汇佳	光通信产品研发生产	投资类
2021-07-08	EventX	B轮	数千万美元	宏达电HTC、高成资本	虚拟会展SaaS	投资类+实业类
2021-07-02	粤芯半导体	战略投资	20亿元	华登国际、广发信息、广汽集团、国投创新、农银投资、吉富创投、兰璞创投、广东半导体及集成电路产业投资基金	芯片生产	投资类+实业类
2021-06-07	芯行纪	Pre-A轮	数亿元	红杉资本中国、真格基金、松禾资本、高榕资本、云晖资本	数字实现BDA先进解决方案	投资类
2021-06-04	宸境科技	天使轮	数千万美元	斯道资本（富达亚洲），复星锐正资本、广汽集团、上汽越秀产业基金、OPPO、火山石资本、依旺达、加州资本	空间智能技能研发	投资类+实业类
2021-04-22	观安信息	D轮	2亿元	IDG资本、高灵基金、上海南虹资本	信息数据安全解决方案	投资类+实业类
2021-03-31	中科迪宏	A+轮	1000万美元	上海南虹资本	工业AI服务	投资类
2021-02-26	踏歌踏行	战略投资	近亿元	宝通科技	矿区无人驾驶整体解决方案	实业类
2021-02-25	亿咖通科技	A+轮	2亿美元	中国国有资本风险投资基金（国风投资金）	汽车智能化与网联化	投资类
2021-02-25	星思半导体	Pre-A轮	4亿元	GGV纪源资本、鼎晖投资、松禾资本、复星锐正资本、嘉御资本、金浦投资、沃赋资本、复星创富、开装备基金、高瓴创投、深圳华强	5G万物互联连接芯片	投资类+实业类
2021-02-25	飞特尔科技	C轮	数亿元	华登国际、俱成资本、拓金资本	低温陶瓷共烧滤波器研发	投资类
2021-02-01	中科迪宏	A轮	未透露	浦华投资	工业AI服务商	投资类
2021-01-19	踏歌踏行	B+轮	数千万元	CMC资本	矿区无人驾驶整体解决方案	投资类
2021-01-07	创芯葱联	B轮	数亿元	鼎晖投资、毅达资本、俱成资本、红点中国、中兴创投	通信芯片	投资类

资料来源：前瞻研究院。

（五）产业投资基金

产业投资基金作为一种高效且灵活的资本运作模式，其核心在于集合多方投资者的资金力量，对尚处于非上市阶段但具备高成长潜力的企业进行股权投资，并在此过程中提供全方位的经营管理服务。这种投资机制的本质在于构建一种利益共享、风险共担的紧密合作关系，旨在通过专业化的运作与管理，实现资本与产业的深度融合，促进被投资企业的快速成长与价值提升。

具体而言，产业投资基金的运作流程涉及多个关键环节。一是通过向广泛的投资者群体发行基金份额，筹集形成一定规模的资金池。二是基金公司会根据既定的投资策略与目标，选择自任基金管理人或与外部专业机构合作，委托其担任基金管理人，负责基金资产的日常运营与管理。三是为确保基金资产的安全与独立，基金公司还会委托专业的基金托管机构进行资产托管，实现资金的专款专用与有效监管。

在投资方向上，产业投资基金主要聚焦具有广阔市场前景和重大战略意义的领域，如创业投资、企业重组投资以及基础设施投资等。这些领域往往能够引领技术创新、产业升级或社会经济发展，为投资者带来丰厚回报。近年来，随着 5G 技术的快速发展与广泛应用，5G 产业成为全球关注的焦点。作为新一代信息技术的重要代表，5G 不仅将为移动通信领域带来革命性变革，还将深刻影响智能制造、智慧城市、自动驾驶等行业的未来发展。

在此背景下，多家具有前瞻视野的企业及地方政府纷纷设立 5G 产业投资基金，旨在通过资本的力量加速 5G 技术的研发、推广与应用，推动相关产业链条的完善与成熟。这些基金不仅为 5G 企业提供了宝贵的资金支持，还通过引入专业的管理团队与丰富的行业资源，助力企业解决在技术研发、市场拓展、产业链整合等方面面临的难题，推动 5G 产业尽快实现商业化落地与规模化发展。同时，5G 产业投资基金的设立也进一步激发了市场活力，吸引了更多社会资本的关注与参与，为 5G 产业的持续健康发展注入了强大动力。

（六）行业兼并重组

5G 技术的迅猛发展正引领着信息通信技术领域的深刻变革，特别是在智能制造、智慧城市、自动驾驶等前沿领域的广泛应用，持续激发着市场需求的"井喷式"增长。这一趋势促使行业内企业纷纷寻求通过兼并重组的战略路径，以增强自身的技术壁垒与市场竞争力。近年来，政府层面对于 5G 产业发展的鼎力支持，包括政策引导与资金注入，更是加快了兼并重组的步伐，为企业间的深度合作与产业链协同发展铺设了坚实的基石。

5G 产业的兼并重组策略丰富多样，涵盖横向、纵向及混合兼并三大模式。横向兼并聚焦同一行业内竞争对手的整合，旨在迅速扩大市场份额，实现规模效应的最大化；

纵向兼并则着眼于产业链上下游的垂直整合，通过优化资源配置与强化协同效应，构建更为紧密的产业链生态；而混合兼并则跨越行业界限，为 5G 企业开辟新的业务疆域，推动多元化战略的实施。当前，观察到的兼并重组趋势主要集中于中游企业的横向扩张，旨在通过规模优势巩固市场地位。

从更深层次来看，兼并重组对于 5G 产业链的整合与优化具有不可估量的价值。它不仅促进了资源的有效整合与结构的优化升级，还显著提升了行业整体的运行效率与创新能力。通过整合研发资源与人才优势，企业能够加快技术创新步伐，推动 5G 技术的持续迭代与升级，进而拓宽市场版图，巩固并提升自身的市场竞争力。

展望未来，随着 5G 技术的持续演进与商业化应用的全面铺开，5G 产业的兼并重组活动势必将迎来更加频繁与活跃的时期。在这一进程中，技术实力与市场前景的精准匹配，以及产业链上下游间的高度协同，将成为兼并重组成功的关键要素。同时，面对全球贸易格局的深刻调整与国际竞争的日益激烈，我国 5G 企业也将更加积极地拥抱国际合作与并购机遇，以全球化的视野布局未来，加速拓展海外市场，进一步提升我国在全球 5G 产业版图中的竞争力与影响力。

（七）银行信贷支持

5G 建设作为数字新基建的先锋力量，正以前所未有的速度重塑社会经济的各个层面，而银行业作为金融体系的支柱，积极响应国家关于加快新型基础设施建设的战略部署，在 5G 产业融资领域发挥着不可替代的关键作用。近年来，随着 5G 技术的不断成熟与广泛应用，多家银行不仅通过传统的贷款模式，还创新性地采用发行专项债券、设立产业基金等多种金融工具，全方位、多层次地支持 5G 产业的蓬勃发展。

以北京银行为例，该行深度融入国家 5G 发展战略，与中国广电移动网络有限公司（以下简称"中国广电"）等龙头企业紧密合作，通过提供超过 10 亿元的巨额贷款，精准对接中国广电 5G 网络项目的资金需求，覆盖了从 700M 网络部署、核心网构建、承载网优化到 IT 支撑系统升级等全方位建设内容。这一战略性的金融支持，不仅有效缓解了中国广电在 5G 建设初期的资金压力，更为中国广电 5G 与有线电视网络的深度融合注入了强劲动力，加快了新型广电媒体传播网、国家文化专网以及国家新型基础设施网的建设步伐，为构建数字中国贡献力量。

在资金投放方向上，银行贷款主要聚焦 5G 基础设施的规模化部署、关键核心技术的突破性研发以及产业链上下游企业的协同发展，这些领域虽具有资金需求量大、投资回报周期长的特点，但也正是因其广阔的市场前景与深远的社会影响，成为银行业重点扶持的对象。为此，商业银行纷纷出台专项贷款政策，通过灵活的利率优惠、长期贷款安排以及信用贷款等灵活的融资方案，满足不同企业在不同发展阶段的资金需求，助力其跨越资金门槛，加速成长。

同时，银行业还致力于推动金融与科技的深度融合，积极探索 5G 通信领域的金融科技创新，如承销科创票据，为具有创新能力的 5G 企业提供低成本、高效率的直接融资渠道，进一步激发市场活力，促进创新要素的高效配置与整合。此外，银行还积极加强与政府部门、行业协会、科研机构及产业链各方的沟通与合作，构建多方共赢的生态系统，共同为 5G 产业的健康、可持续发展保驾护航。

综上所述，5G 产业的融资规模与银行贷款情况正展现出一种蓬勃向上、积极稳健的发展态势。这一趋势不仅彰显了市场对 5G 技术前景的坚定信心，也凸显了 5G 作为新一代信息技术核心引擎，在推动社会数字化转型、促进经济高质量发展中的关键作用。随着 5G 技术的持续演进与商用化步伐的显著加快，其应用场景不断拓展，从最初的移动通信领域迅速渗透到智能制造、智慧城市、远程医疗、自动驾驶等行业，为全球经济注入了新的增长动力。

在此背景下，预计未来将有更多元化、更大规模的资金源源不断地涌入 5G 产业，包括政府引导基金、社会资本、国际投资等融资渠道将形成合力，共同推动 5G 技术的研发创新、基础设施建设、产业链完善以及商业模式探索。这些资金的注入将有效缓解 5G 产业在发展初期面临的资金压力，加速技术成果转化与产业化进程，促进 5G 产业生态的繁荣与成熟。

然而，值得注意的是，尽管当前 5G 产业融资与银行贷款情况总体向好，但市场环境与政策因素的变化仍可能对具体投融资规模和银行贷款条件产生重要影响。因此，在把握 5G 产业发展机遇的同时，各方参与者需保持高度的市场敏感性和政策洞察力，密切关注国内外经济形势、行业动态、政策导向以及技术发展趋势，及时调整投资策略与融资方案，以应对可能出现的风险与挑战。

此外，为确保 5G 产业能够持续健康发展，还须加强跨部门、跨行业的协调合作，共同推动 5G 技术创新、标准制定、频谱规划、安全保障等方面的工作，为 5G 产业的蓬勃发展创造更加有利的环境和条件。同时，鼓励企业加大研发投入力度，加强国际合作与交流，共同推动 5G 技术在全球的普及与应用，为构建人类命运共同体贡献智慧和力量。

第六章

5G 投资机会分析及策略建议

当前，5G 商用化进程已迈入关键阶段，其对社会经济的全面渗透与深刻影响正日益显现，成为推动数字化转型与产业升级的重要引擎。中国信息通信研究院的深入分析揭示了 5G 技术对经济社会的巨大拉动作用：2021 年，5G 不仅直接促进了经济总产出达到 1.3 万亿元的新高，还直接催生了约 3 000 亿元的经济增加值，相比于前一年实现了显著的增长，增长率分别达到 33% 和 39%。更令人瞩目的是，5G 的间接经济效应同样不可小觑，通过技术溢出和产业链延伸，间接带动了总产出约 3.38 万亿元，并创造了约 1.23 万亿元的间接经济增加值，其增长率也均保持在 31% 的高位，彰显了 5G 作为新一代信息技术核心力量的巨大潜力。

然而，在 5G 直接经济总产出的构成中，也呈现出一定的结构性特征。具体而言，用户侧的 5G 终端设备支出占据了主导地位，贡献了 67% 的增长份额，反映出消费者对高速、高质量网络服务的强烈需求与快速接纳。同时，5G 服务支出（如数据流量费、增值服务等）也占据了 28% 的增长贡献，表明服务模式的创新与丰富正在逐步激发市场活力。相比之下，尽管垂直行业（如智能制造、智慧城市、远程医疗等）在 5G 设备投资和服务支出上的增长速度迅猛，但由于其尚处于初期探索与规模化应用的起步阶段，当前规模相对较小，对整体增长的直接贡献尚显薄弱，预示着未来巨大的增长空间与潜力。

基于此，我们认为，5G 目前仍处于大规模建设的早期阶段，其技术革新与应用的全面铺开仍需时日。对于银行和投资者而言，把握 5G 时代的投资机遇，应重点关注以下四个方面：一是聚焦 5G 公共网络基础设施的建设投资，包括基站部署、核心网升级、传输网络优化等关键环节，这是支撑 5G 广泛覆盖与高效运行的基础；二是关注与 5G 建设紧密相关的产业链上下游企业，如通信设备制造商、芯片供应商、系统集成商等，它们将伴随 5G 建设的推进而迎来快速发展期；三是关注 5G 在行业应用领域的深度挖掘与拓展，尤其是那些有望率先实现规模化应用并带来显著经济效益的行业，如工业互联网、车联网、远程教育与医疗等；四是不应忽视 5G 在消费领域的广泛应用前景，随着 5G 技术的不断成熟与普及，将催生出一系列新型消费场景与服务模式，为投资者提供新的增长点。

一、推进网络建设，提升行业能力

（一）网络建设重点方向分析

当前，中国的 5G 网络建设正处于蓬勃发展的初期阶段，尽管已取得显著进展，但尚未全面满足消费级市场与行业级应用创新对高速、稳定、广覆盖网络的迫切需求。展望未来，5G 网络的持续建设与优化将是推动经济社会数字化转型的关键驱动力。

1. 深化农村及偏远地区网络覆盖

为了缩小城乡数字鸿沟，推动农村地区的信息化发展，适合农村场景的低成本、广覆盖 5G 技术和产品将加速研发与部署。政府将依托现有的普遍服务机制，优化资金投入结构，鼓励创新商业合作模式，如公私合营（PPP）等，吸引更多社会资本参与农村及偏远地区的 5G 信息通信基础设施建设。同时，5G 网络的共建共享机制将进一步深化，特别是在"农村一张网、城市两张网"的战略布局下，通过充分利用 700MHz 频段低频覆盖广的优势，在高速公路、高速铁路及农村地区实现接入网的共建共享，从而显著提升 5G 网络的广域覆盖能力。

2. 多频协同构建差异化服务网络

为实现 5G 网络的广度和深度双重覆盖，将采取"低频+中频"多频协同的策略。低频段（如 1GHz 以下）凭借其优异的传播特性，将有效支持 5G 的广域覆盖、高速移动场景下的稳定通信及海量设备连接，为 5G 的多场景应用奠定坚实基础。同时，高频段（如毫米波）的协同应用也将加快步伐，以进一步提升 5G 网络的室内外覆盖质量，特别是针对高密度用户区域和室内场景。此外，加快毫米波和中频新型基站的产业化进程，将促进 5G 网络技术的成熟与普及。

3. 推动行业 5G 虚拟专网发展

在行业应用领域，5G 虚拟专网作为连接行业信息化与 5G 技术的重要桥梁，其发展面临定制化成本高、融合难度大及运营需求强等挑战。为解决这些难题，需从以下四个方面入手：

（1）探索轻量化与低成本设备。

在追求轻量化与低成本的道路上，不仅需要关注硬件设备本身的创新设计，如采用更高效的芯片技术、优化散热与功耗管理系统等，还应探索软件层面的优化策略，如虚拟化、云化部署等，以减少对物理资源的需求。此外，通过标准化与模块化设计，加速网络设备的灵活配置与快速部署，也是降低行业专网建设成本、提高建设效率的关键。随着技术的不断进步，未来有望出现更多定制化、高性价比的 5G 网络设备，为各行各业提供更加经济、高效的解决方案。

（2）构建行业专属部署模式。

针对不同行业的特殊需求，构建行业专属的 5G 网络模板不仅要考虑网络架构、技术选型等基本要素，还须深入行业应用场景，理解其业务流程与痛点，定制化设计网络功能与服务。例如，在智能制造领域，可以重点发展低时延、高可靠的工业控制网络；在智慧医疗领域，则更注重数据安全与隐私保护。同时，建立行业内的协同机制，促进技术交流与经验分享，有助于形成更加成熟、完善的行业解决方案体系。通过持续的迭代优化，确保 5G 网络能够更好地服务于行业的实际需求。

（3）创新行业运营运维模式。

在推动运营商开放 5G 网络能力的过程中，应注重构建开放、合作、共赢的生态系统。运营商可以依托自身的网络资源与服务能力，为行业用户提供定制化的网络解决方案及运维支持。同时，鼓励行业用户结合自身的特点与需求，参与网络运营与运维过程，以实现网络资源的高效利用与灵活调配。此外，还可以利用大数据、人工智能等先进技术，提升网络运维的智能化水平，从而降低运维成本，提高运维效率。通过创新实践，推动形成更加灵活、高效、可持续的行业运营运维模式。

（4）构建新型行业安全体系。

在 5G 技术与各行业深度融合的过程中，安全问题是不可忽视的重要挑战。构建新型行业安全体系需要综合考虑物理安全、网络安全、数据安全等维度。一方面，要结合行业原有的网络安全体系与架构要求，制定符合行业特点的 5G 安全保障标准与规范；另一方面，还要充分利用 5G 融合组网技术的优势，实现跨网络、跨平台的安全防护与应急响应。同时，加强与国际社会的合作与交流，借鉴国际先进的安全理念与实践经验，不断提升我国 5G 行业应用的安全防护水平。

综上所述，中国 5G 网络的未来发展将是一个持续深化、不断创新的过程。通过深化覆盖、多频协同以及行业应用的全面展开，5G 技术将逐渐渗透到经济社会发展的各个领域。同时，随着技术创新、模式创新及服务创新的不断推进，5G 网络将变得更加轻量、高效、安全、可靠，为各行各业提供更加优质的数字化服务与支持。在这个过程中，政府、企业、科研机构等各方需携手合作，共同推动 5G 技术的健康、快速发展，为实现经济社会的高质量发展贡献力量。

（二）投资建议

1. 关注国家信息通信基础网络建设

在国家信息化战略的宏观指导下，我国正稳步迈向构建世界级信息通信基础网络体系的新征程。未来几年，这一进程将更加注重网络的普及性、高效性与可持续性。

光网和 4G 网络的全面覆盖，不仅是技术普及的里程碑，更是确保全国范围内，无论是城市还是乡村，都能享受到无缝、高速的互联网接入服务。同时，宽带接入能力的飞跃式提升，预示着用户将体验到前所未有的网络速度和稳定性，为远程教育、智慧医疗、在线娱乐等数字经济应用提供坚实的网络支撑。

新一代骨干传输网的建设，更是信息技术领域的一次重大革新。其超大容量、超高速率以及灵活高效的管理模式，将极大促进数据资源的快速流通与高效共享，为云计算、大数据、人工智能等新兴技术的广泛应用奠定坚实基础。对烽火通信、中兴通讯、华为、上海贝尔等骨干网和接入网设备领域的领军企业而言，这不仅是技术实力的展现，更是市场份额与品牌影响力的双重提升，它们将深度参与并引领这一轮基础设施建设的高潮，共享发展红利。

2. 关注商业卫星通信服务体系建设

自中国卫通获得卫星通信运营牌照以来，我国商业卫星通信领域迎来了历史性的发展机遇。这一政策红利不仅激发了国内卫星通信产业的活力，也推动了相关企业在技术研发、生产制造、卫星发射等环节的快速进步。海格通信、东方红卫星、熊猫电子、长城工业等企业，凭借其在卫星通信设备领域的深厚积累，正逐步构建起完整的产业链生态，为全球用户提供高质量的卫星通信服务。

随着国际海缆和陆缆路由的不断优化与扩展，全球网络通达性达到了前所未有的高度。特别是在"一带一路"倡议的引领下，共建"一带一路"国家的互联互通工程正如火如荼地推进，为商业卫星通信服务提供了广阔的市场空间。亨通光电、中天科技等在海缆生产和工程实施方面具有显著优势的企业，正积极把握这一历史机遇，加强与国际伙伴的合作，共同推动全球信息通信网络的深度融合与协同发展。

3. 关注通信传输骨干网建设

随着 5G 网络的商用化进程不断加快，传统内容分发网络（CDN）正经历着深刻的变革与重构。云 CDN、企业自建 CDN 等新兴模式的兴起，不仅丰富了 CDN 市场的服务模式与产品形态，也为存储、网络设备以及负载均衡等关键技术领域注入了新的活力。这些领域的企业，在技术创新与市场需求的双重驱动下，正加快产品迭代与升级的步伐，以满足日益多样化的用户需求。

在此过程中，深信服等在网络负载均衡设备领域拥有强大竞争力的新兴企业，凭借其敏锐的市场洞察力和深厚的技术积累，正逐步在市场中崭露头角。它们不仅为传统 CDN 服务商提供了更加高效、智能的解决方案，也为新兴业态如直播、短视频、云游戏等提供了强有力的网络支撑。未来，随着通信传输骨干网建设的持续深化与智能化转型，这些企业将共同推动整个通信行业的繁荣发展。

二、支持5G产业链建设，提升产业价值

（一）产业链价值分析

作为新一代信息技术的璀璨明珠，5G技术正以前所未有的速度重塑全球经济格局，其影响之深远，覆盖面之广泛，已远远超出了传统通信技术的范畴。它不仅代表了技术进步的巅峰，更是推动全球经济产出持续增长的核心驱动力。根据相关权威机构及前沿研究报告的精准预测，2020—2035年这15年黄金发展期内，全球实际GDP有望在多重因素的共同作用下，维持一个稳健而持续的年平均增长率。在这一波经济增长的浪潮中，5G技术以其独特的优势和创新力，将扮演举足轻重的角色，预计能贡献约0.2%的增长率，这一数字虽看似微小，实则蕴含着推动全球经济结构深刻变革与转型升级的巨大潜力。

这0.2%的增长率背后是5G技术带来的年度净值贡献高达2.2万亿美元的惊人成就，这一经济规模之庞大，已足以与当前全球第七大经济体——印度的年GDP相媲美，充分彰显了5G技术在全球经济版图中的战略核心地位与不可替代性。它不仅代表着新兴技术的崛起，更是全球经济新增长极的生动体现。

展望未来，随着5G技术的全面普及与深度融合应用，其影响力将进一步扩大。预计到2035年，全球5G价值链的总产出值将飙升至3.5万亿美元，这一里程碑式的成就不仅标志着5G产业自身的蓬勃发展，更预示着由其引领的一系列上下游产业链将迎来前所未有的繁荣景象。从设备制造到应用开发，从基础设施建设到服务运营，5G将全方位、多层次地推动相关产业的创新与发展，为全球经济的多元化增长注入强劲动力。

与此同时，5G技术的广泛应用还将为社会创造海量的就业机会，预计将达到2 176.4万个工作岗位，这对于缓解全球就业压力、促进经济多元化发展具有不可估量的价值。这些岗位将涵盖技术研发、生产制造、运营维护等领域，为各国青年才俊提供广阔的舞台和发展空间。

因此，5G已成为全球产业界竞相追逐的焦点领域。各国政府、企业及科研机构正以前所未有的热情投入5G的研发与商用化进程中，通过加大投入、加强合作、优化布局等举措，力求在这一新兴领域占据领先地位。他们深知，5G不仅是技术的竞争，更是国家实力、产业竞争力乃至全球经济话语权的较量。

面对5G供应链之长、涉及领域之广的现实挑战，加快产业链上下游的协同发展、提升整个产业链的掌控能力显得尤为重要。这要求各国在加强国际合作的同时，也要注重本土产业链的构建与强化。通过政策引导、资金支持、人才培养等手段的综合运用，推动5G产业链各环节的高效衔接与深度融合。只有这样，才能确保5G技术的安

全可控、促进技术创新与产业升级的良性循环，共同绘制出 5G 技术引领全球经济新增长的宏伟蓝图。

（二）投资关注建议

1. 关注生产包括天馈线、基站等设备的厂商

作为无线通信系统中的基石，天馈线的性能直接关乎信号传输的清晰度、稳定性和覆盖范围的广度，是确保通信网络高效运行不可或缺的一环。随着移动通信技术的飞速发展，尤其是 5G 时代的全面到来，对天馈线提出了更高的要求，包括更高的频段适应性、更强的抗干扰能力以及更优化的辐射模式等。目前，通宇通讯、摩比天线、京信通信、虹信通信、信维通信、盛路通信等业界领军企业，凭借其在技术研发领域的深厚积累和对生产基地建设的持续投入，不断优化产品性能，提升生产效率，成为行业内外关注的焦点。这些企业不仅致力于解决当前技术难题，还前瞻性地布局未来，以应对 5G 网络对高频段、大规模 MIMO（多输入、多输出）技术等新特性的需求，其创新能力与雄厚的资金实力将成为它们在激烈的市场竞争中脱颖而出的关键。

在射频器件与基站主设备领域，同样涌现出一批具有竞争力的企业。武汉凡谷、大富科技等企业在射频器件市场稳扎稳打，凭借卓越的产品质量和持续的技术创新，市场份额稳步上升，预示着它们将在 5G 时代迎来更加广阔的发展空间。与此同时，宏基站作为构建大规模通信网络的核心设备，其重要性不言而喻。华为、中兴通讯、大唐电信等巨头企业，凭借多年来的技术积累和遍布全球的市场布局，不仅在技术上持续领先，更在推动行业标准制定、促进产业协同发展方面发挥着举足轻重的作用，将继续引领整个行业的发展方向。

值得注意的是，随着 5G 应用场景的不断丰富，对通信网络提出了更大的容量和更低的时延要求。微基站作为应对这些挑战的重要解决方案之一，其小巧灵活、部署便捷的特点使其在高密度、高流量的热点区域具有独特优势。京信通信、日海通讯、邦讯技术等企业敏锐地捕捉到了这一市场机遇，积极布局微基站领域，通过技术创新和市场拓展，不断挖掘市场潜力，有望成为 5G 时代的新星。

2. 关注生产光器件的企业

随着 5G 传送网建设的全面提速和宽带中国战略的持续深化，通信网络对高速、大容量、低时延传输能力的需求达到了前所未有的高度，这直接催生了光器件市场的爆炸式增长。作为构建现代通信网络的核心部件，激光器、波分复用设备、光放大器、光电转换系统等关键产品的研发与生产，不仅成为行业内外关注的焦点，更是推动通信技术进步与产业升级的重要引擎。

在这一背景下，光迅科技作为光通信领域的领军企业之一，依托其深厚的研发实力和丰富的产品线，持续推出具有自主知识产权的高性能光器件产品，赢得了国内外客户的广泛认可。博创科技则专注于光通信模块及子系统的研发与生产，通过不断的

技术创新和市场拓展，巩固了其在行业内的领先地位。中际旭创、新易盛等企业则凭借其在特定领域的技术专长和市场优势实现了快速发展，成为光器件市场不可忽视的力量。此外，太辰光、光库科技等新兴企业也展现出了强劲的发展势头。这些企业紧跟行业发展趋势，积极投入研发资源，加强与国际知名企业的合作和交流，不断提升自身的技术水平和市场竞争力。随着产能的逐步释放和市场份额的逐步扩大，这些新兴企业有望在光器件市场中占据更加重要的位置。

3. 关注生产光纤光缆的企业

作为现代信息社会不可或缺的基石与命脉，光纤光缆宛如神经脉络遍布全球，又似血液系统般源源不断地输送着数据与信息，它们承载着海量数据实现高速、远距离传输的艰巨任务，其供给的稳定性与效率直接映射出通信网络的整体健康状况与响应速度。在"宽带中国"战略的深度推进与5G网络建设浪潮的汹涌澎湃下，数据流量如同潮水般汹涌而至，呈现出指数级增长的态势，这种爆发式的增长不仅推动了信息社会的快速发展，也对光纤光缆产业提出了前所未有的需求挑战。

在这一背景下，光纤光缆的需求量急剧攀升，市场供需关系长期处于一种既紧张又微妙的平衡状态。这种平衡状态，一方面，凸显了市场对于高质量、高性能光纤光缆产品的极度渴望与迫切需求，要求产品不仅要在传输速度、容量、距离上实现突破，更要在稳定性、耐用性及环保性等方面达到新的高度；另一方面，预示着光纤光缆行业内部将迎来更加白热化的竞争与更为严峻的考验，企业需要在技术创新、成本控制、供应链管理等多个维度上持续精进，以应对市场的快速变化与客户的多元化需求。

面对如此庞大的市场需求与行业竞争格局，长飞、烽火通信、中天、亨通、富通通信等国内光纤光缆行业的领军企业，凭借其在光棒生产领域深厚的积累与强大的产能优势，不仅稳固了在国内市场的领先地位，成为支撑国家通信网络稳定运行与推动数字经济发展的中流砥柱，更展现出前瞻性的战略眼光与国际化视野。它们纷纷将目光投向更为广阔的海外市场，利用自身在技术、品质、品牌等方面的综合优势，积极寻求国际合作机会，拓展国际市场份额，以期在新的全球经济版图中占据一席之地，实现企业的持续发展与跨越。

4. 关注生产网络设备的厂商

5G商用的全面铺开，标志着通信技术迈入了一个全新时代。它不仅极大地提升了数据传输的速度与效率，还催生了众多新兴应用场景，为相关产业链上下游企业带来了前所未有的发展机遇。在这一背景下，网络优化、仪器仪表、核心网设备、传输网设备等关键领域迎来了市场需求的显著增长。

首先，网络优化作为确保5G网络高效、稳定运行的重要环节，其重要性日益凸显。随着5G网络覆盖范围的不断扩大和复杂度的增加，对网络优化技术的需求也愈发迫切。世纪鼎利、星河亮点、大唐联仪等国内仪器仪表企业，凭借其在通信测试测量领域的深厚积累和技术创新实力，不仅在国内市场赢得了良好的口碑和份额，更在国际舞台上展现出中国企业的风采。未来，随着5G网络建设的深入，这些企业在提供高性能、高精度的测试测量解决方案方面将发挥更加关键的作用，有望获得更多来自运营商和设备商的订单。

其次，核心网设备作为5G网络架构的核心组成部分，其技术演进与市场需求紧密相连。随着网络功能虚拟化（NFV）、软件定义网络（SDN）等先进技术的广泛应用，核心网设备正逐步向更加灵活、智能、高效的方向发展。华为、中兴通讯、上海诺基亚贝尔、烽火通信、紫光股份、锐捷网络等国内外知名企业，作为核心网设备市场的领导者，正不断加大研发投入力度，推动技术创新与产品迭代升级，以满足5G时代对核心网设备的高标准要求。

最后，5G网络建设的快速推进也为网络规划企业带来了广阔的发展空间。富春江通信、杰赛科技、奥维通信等国内网络规划领域的佼佼者，凭借其在通信网络规划、设计、咨询等方面的专业能力和丰富经验，积极参与5G网络规划工作，为运营商提供了全方位的解决方案和优质服务。

5. 关注生产5G终端设备的厂商

5G终端设备的研发与生产，作为推动5G技术从理论走向现实、深入千家万户的关键环节，其重要性不言而喻。这一领域不仅关乎技术的先进性，更直接影响到用户体验与市场接受度。在5G时代的浪潮中，基带芯片作为终端设备的"心脏"，其研发进度与性能表现直接决定了终端产品的性能上限与市场竞争力。华为海思、展讯锐迪科、亨通光电等国内领先企业，在5G芯片领域已经取得令人瞩目的突破，不仅打破了国外技术垄断，还以自主研发的技术实力提升了我国在全球5G产业链中的地位。未来，这些企业需继续加大研发投入力度，紧跟国际技术前沿，加速技术迭代，同时密切关注市场动态，灵活调整产品策略，以确保在激烈的市场竞争中保持领先地位。

与此同时，通信模块、终端天线、射频器件等作为5G终端设备的重要组成部分，同样蕴含着巨大的市场机遇。这些关键部件的性能直接影响到终端设备的信号接收与发送质量、网络连接的稳定性以及用户体验的流畅度。因此，芯讯通、广和通、移远通信、信维通信、硕贝德、麦捷科技等国内企业正积极布局这些领域，通过技术创新与产业升级，不断提升产品的性能与可靠性，以抢占市场先机。这些企业不仅致力于提升自身技术实力，还加强与国际知名企业的合作与交流，共同推动5G终端设备产业链的完善与发展。

6. 关注共建"一带一路"国家的通信互联互通建设

在"一带一路"倡议的宏伟蓝图引领下，中国与共建"一带一路"国家之间的通信互联互通建设正以前所未有的速度和规模向前推进，这不仅加深了彼此间的经济联系，也为区域乃至全球的数字化发展奠定了坚实基础。这一倡议的实施，不仅着眼于基础设施的"硬联通"，更致力于信息、技术、标准等"软联通"的深度融合，为光通信行业带来了前所未有的发展机遇。

作为国内光通信领域的佼佼者，中天科技、长飞光纤、亨通光电、宝胜股份等企业，凭借其卓越的技术创新能力、完善的产业链布局以及在海缆生产制造、工程实施等方面的深厚积累，成为推动"一带一路"通信互联互通建设的重要力量。它们不仅致力于提供高性能、高可靠性的光通信产品与解决方案，还积极参与国际标准的制定与推广，努力提升中国光通信产业的国际竞争力和影响力。

随着共建"一带一路"国家通信基础设施建设的持续深入和完善，特别是海底光缆、陆地光纤网络等关键通信设施的不断扩建与升级，这些国内龙头光通信企业将迎来更加广阔的发展空间和丰富的投资机会。它们将有机会参与到更多跨国界的通信工程项目中，与全球领先的通信企业同台竞技，共同推动全球通信网络的优化与升级。

三、支持探索配套支撑产品，丰富产业生态

（一）配套支撑产品趋势分析

随着5G技术的持续深化与广泛应用，一场前所未有的产业变革正在全球范围内加速展开。这股力量不仅驱动着信息技术的革新，更激发了各行各业对5G应用配套支撑产品的强烈需求与探索热情，推动了虚拟现实终端、行业模组与终端、行业平台及解决方案等领域的蓬勃发展，呈现出一系列引人注目的新趋势。

1. 5G 云化虚拟现实：加速 AR/VR 终端普及的新篇章

随着 Oculus Quest、华为 VR Glass、Vive Focus Plus、Pico Neo2 等代表性终端串流功能的引入，一体式/手机式与 PC 式等跨产品形态间的使用融通性将显著提高。在此过程中，云化虚拟现实终端这一新兴形态的发展轮廓将逐渐浮现，并呈现不同的表现形式。虚拟现实终端将日益减重便携，随着 5G 终端的规模普及，一体式终端将原生集成 5G 能力，计算负载开始向云边端协同分配，手机伴侣式终端将通过无线连接适配更多 5G 手机。

2. 行业模组分级分类：定制化发展的精准路径

面对复杂多变的实际应用场景，行业业务对通信、运算等能力提出了更为精细化的需求。这促使 5G 行业模组逐步向"专而精"的定制化方向迈进，通过模组分级分类策略，形成通用型与定制型双轨并行的发展模式。在综合考虑行业应用前景、发展周期、特殊需求及成本敏感性等因素的基础上，聚焦碎片化通用功能与规模化市场定制两大类别，实现 5G 行业模组与行业应用需求的精准对接。这一策略不仅有助于提升 5G 行业模组的性能与质量，还能有效降低生产成本，促进其在各行业中的规模化落地应用。

3. 行业终端形态：多样化扩展与智能化升级

典型行业终端深度融合 5G 网络，紧密结合行业业务的通用与特色属性，推动海量

设备向智能化、高效化转型升级。在这一过程中，行业终端逐步形成了基础连接、通用适配、行业专属三大种类，构建起涵盖技术指标、智能化升级、管控维护等一体化服务能力的全方位体系。通过分阶段、强合作、重推广的多维度协同推进模式，行业终端的特色属性显著增强。未来，将以5G行业终端标准为引领，推动终端产业在垂直行业领域的广泛应用与深度渗透。目前，已针对电力、视频等重点行业开展通信业务需求研究，未来将从无人机、机器人等通用终端入手，逐步融合行业特色需求，实现终端设备的定制化、特色化赋能，并最终推动存量设备的5G改造升级，实现行业整体跨越式发展。

4. 行业平台：开放连接与生态共建

基础电信运营商依托强大的云网基础设施，正积极构建5G聚合行业的通用能力体系，搭建具备广泛服务能力的5G行业应用平台。这些平台以行业共性技术需求为切入点，研究制定行业通用技术规范，通过运营商主导、行业企业积极参与的模式，建立起集网络管理、通用能力、行业应用于一体的三层架构体系。这种开放连接的形态不仅促进了行业资源的共享与整合，还提高了行业应用的快速部署与批量复制能力，为构建繁荣的5G行业生态奠定了坚实基础。

5. 应用解决方案：产业竞争的核心高地

5G技术与传统行业的深度融合，不仅孕育了众多新兴信息产品和服务，还重塑了传统产业的发展模式。在此背景下，5G行业应用解决方案成为产业竞争的新焦点。产业联盟组织如5G应用产业方阵等，通过搭建供需对接平台、提供研发调测环境等措施，有效地降低了解决方案的孵化成本，激发了众多企业投身应用集成及解决方案集成的热情。随着大批量5G应用解决方案商的涌现，设备商、运营商、中小型企业等纷纷涉足这一领域，成为潜在的市场参与者与竞争者。未来，应用解决方案产业将成为产业培育的关键环节和重点竞争领域，推动5G技术在各行各业中的广泛应用与深度融合。

（二）投资关注建议

1. 关注车联网领域的快速发展

国家发展改革委、工业和信息化部等部门积极响应产业发展需求，发布了一系列旨在推动车联网技术与应用深入发展的引导政策。这些政策不仅为车联网产业提供了明确的方向指引，还极大地激发了市场活力，使得我国车联网市场展现出前所未有的巨大潜能。在这一背景下，包括芯片研制厂商、终端设备制造商以及整车厂商在内的众多市场参与者纷纷涌入车联网领域，共同推动产业生态的繁荣与壮大。

我国车联网市场规模正以惊人的速度扩张。据权威机构预测，这一市场将从2021年的2 126亿元持续快速增长，到2026年有望突破8 000亿元大关，五年间实现近3倍的规模增长。这一预测数据不仅彰显了车联网市场的强劲发展势头，也预示着未来五年将是车联网产业高速发展的黄金时期。

与此同时，国际知名咨询机构普华永道也对中国车联网市场持乐观态度。其预测，到 2030 年，网联汽车的渗透率将达到 56%。这一预测进一步印证了车联网技术在汽车行业的广泛应用前景，以及其对提升交通效率、促进节能减排、增强驾驶安全等方面的巨大潜力。

为了抢抓车联网发展机遇，全国各主要城市与地区纷纷将车联网的发展纳入重要议事日程，并着手制定详细的规划与布局（见表 6-1）。这些规划与布局不仅关注车联网基础设施建设、技术创新与应用推广等方面，还注重构建完善的产业生态体系，促进产业链上下游企业的协同发展。通过政府引导、企业参与、市场运作的方式，我国车联网产业正朝着规模化、智能化、协同化的方向加速迈进。

表 6-1　我国部分城市车联网布局

城市	车联网布局内容
成都	加快中德智能网联四川试验基地建设，推动基于 5G 车路协同车联网大规模验证与应用，积极推动智能网联示范应用
柳州	积极发展基于互联网的车载智能信息服务系统，基于 5G 网络的智能驾驶辅助系统级智能汽车、无人驾驶级智能汽车等产品，加快创建国家级车联网先导区
广州	争创国家级车联网先导区，开展自动驾驶商业化运营试点，打造全国领先的智能汽车平台和生态圈，建成全球知名"智车之城"
合肥	发展车路协同车联网，建设具备全天候测试能力的智能网联汽车封闭测试场，加快建设智能充换电终端网络
无锡	加快建设国家级车联网先导区，统筹推进车联网城市级规模应用示范和国家智能交通综合测试基地建设，创新商业运营模式，拓展应用场景，提高车联网产业技术创新能力
上海	积极开展车联网和车路协同技术创新试点，稳妥提升车联网市场渗透率，持续推动区域智能汽车道路测试和开放测试道路建设
苏州	支持苏州（相城）智能车联网产业创新集群建设，争创省级车联网和智能网联汽车高质量发展先行区，加快推动示范应用落地，打造自动驾驶场景城市

从企业生态的多元化视角深入剖析，各个关键领域均涌现出了一批引领行业发展的佼佼者。在通信芯片这一核心技术领域，华为以其自主研发的海思系列芯片在全球市场占据重要地位，高通则以其高性能的骁龙系列芯片广泛应用于智能手机及物联网设备，而三星则在半导体产业中展现出强大的综合实力，其通信芯片同样备受关注。这些企业不仅在技术创新上不断突破，更在产业链整合与市场拓展上发挥着重要作用。

在通信模组领域，大唐电信与中兴通讯作为国内通信行业的领军企业，其通信模组产品凭借稳定的性能与广泛的应用场景，在物联网、车联网等领域占据领先地位。这些模组作为连接设备与网络的桥梁，是实现万物互联的重要基石。

在终端与设备方面，东软凭借其深厚的软件技术积累，在车载智能终端、智慧城市等领域推出了众多创新产品；千方科技则专注于智能交通解决方案，为城市交通管理提供智能化支持；而 Nebula Link 等新兴企业则凭借敏锐的市场洞察力和技术创新力，在智能终端市场迅速崛起，成为行业内的黑马。

整车制造领域更是群雄逐鹿，国内外传统车企如丰田、大众、比亚迪等凭借深厚的制造底蕴和品牌影响力，持续推出符合市场需求的新能源汽车和智能网联汽车；同时，新势力造车企业如特斯拉、蔚来、小鹏等则以更加前卫的设计理念、更加智能的驾驶体验，赢得了消费者的青睐，成为推动汽车产业转型升级的重要力量。

在测试验证环节，中国信息通信研究院等权威研究机构发挥着不可替代的作用。它们通过制定行业标准、开展技术测试与评估，为车联网产业的健康发展提供了有力保障。

在运营与服务方面，中国移动、中国电信、中国联通三大运营商依托其庞大的用户基础和完善的网络基础设施，为车联网提供了稳定的网络连接服务；网约车平台如滴滴出行等则通过整合车辆资源、优化出行体验，推动了出行方式的变革；而互联网科技企业如百度、阿里巴巴、腾讯等则凭借其强大的数据处理能力和丰富的应用场景，为车联网产业注入了新的活力。

最后，在高精度地图定位服务领域，四维图新、高德地图等企业凭借其在地理信息技术方面的深厚积累，为车联网提供了精准、可靠的地图定位服务，为自动驾驶、智能交通等应用场景的实现提供了重要支撑。

2. 关注投融资活跃的工业互联网领域

近年来，我国工业互联网领域的投融资活动持续保持高度活跃状态，不仅体现了资本市场对该行业未来发展的高度认可与信心，也彰显了工业互联网作为推动制造业转型升级、促进数字经济与实体经济深度融合的关键力量。截至 2021 年 12 月 31 日，我国工业互联网领域上市企业数量达到 248 家，其中 A 股市场成为这些企业上市融资的主要平台，共计 209 家企业挂牌交易，总市值高达 4.83 万亿元，彰显了工业互联网企业在资本市场中的强大影响力和价值潜力。

在融资活动方面，增发企业数量稳步增长，达到 16 家，累计融资金额 38.84 亿元，显示出市场对企业扩张和发展的持续支持。尤为值得一提的是，科创板作为我国资本市场服务科技创新型企业的重要平台，持续发挥着工业互联网企业上市融资的"主阵地"作用。2021 年，科创板见证了 71 家工业互联网企业的成功上市，其中 26 家企业在年内完成上市融资，与 2020 年持平，但首发上市融资规模却达到了 284.28 亿元，创下了新的纪录，反映出资本市场对工业互联网企业的高度评价和强劲需求。非上市企业的融资活动同样热闹非凡。2021 年，我国共有 544 家工业互联网企业完成了 617 笔融资交易，相比于 2020 年增长了 36.5%，累计融资金额高达 893.07 亿元。这一数据不仅彰显了我国工业互联网市场的广阔前景和强劲增长动力，也反映了投资者对我国工业互联网初创企业的浓厚兴趣和高度关注。

在投资机构方面，工业互联网依然是各类资金重点关注的领域之一。2021年，近百家投资机构积极参与工业互联网企业的投资活动，投资范围覆盖从早期到中后期的各个阶段，为工业互联网创新创业发展提供了坚实的资金保障。其中，头部的风险投资基金，如红杉资本中国基金等更是积极在工业互联网领域进行布局，通过领投、参投等方式参与了多家企业的多轮融资活动，累计投资金额超过80亿元。这些投资不仅为企业提供了急需的资金支持，还带来了丰富的行业资源和管理经验，助力企业快速成长壮大。

此外，一些外资投资机构也加速布局我国工业互联网创业企业。淡马锡、贝塔斯曼亚洲投资基金等国际知名投资机构纷纷参投国内工业互联网企业如黑湖智造等，这不仅体现了国际投资机构对我国工业互联网领域发展前景的看好和认可，也进一步证明了我国工业互联网领域在全球范围内的竞争力和吸引力。

3. 关注物联网领域的发展

根据中国产业信息网详尽的数据分析与未来趋势预测，物联网（IoT）技术的飞速发展正引领着全球数字化转型的浪潮。2019年，全球物联网设备数量已达到107亿台，这一数字不仅标志着物联网技术从概念走向大规模应用的里程碑，也预示着未来智能互联世界的广阔前景。展望未来，预计到2025年，物联网连接数将实现质的飞跃，增长至251亿台，年均增长率保持在12%以上的高位，彰显出物联网市场的无限活力与持续增长动力。

在市场规模方面，statista提供的数据更是令人振奋。2020年，全球物联网市场规模已突破2 480亿美元大关，而随着技术的不断成熟与应用场景的持续拓展，预计到2025年，这一市场规模将跃升至超过1.5万亿美元，其间的复合增长率高达44.59%，远超多数传统行业，凸显了物联网作为新兴战略产业的巨大经济价值和社会影响力。

物联网技术的应用已深深融入我们生活的方方面面，从智能家居的便捷舒适，到公共服务的智慧高效，再到农业生产的精准管理、物流行业的快速响应、服务业的个性化定制、工业制造的智能化升级，以及医疗健康领域的远程监控与精准治疗等，各个细分场景均展现出物联网技术带来的巨大变革与潜力。这种全方位、多层次的渗透，不仅提升了社会运行效率，更极大地丰富了人们的生活体验。

在此背景下，投资物联网产业链上的优质企业成为把握未来科技发展趋势、实现资本增值的重要途径。具体而言，感知层作为物联网数据采集的基石，相关企业如乐鑫科技、博通集成、晶晨股份、中颖电子、和而泰、拓邦股份、贝仕达克、睿创微纳等，凭借其在芯片设计、传感器技术等方面的核心竞争力，正引领着物联网感知技术的创新发展。

传输层则负责数据的稳定传输与高效交换，移远通信、广和通、美格智能、日海智能、高新兴、有方科技、移为通信、华测导航、锐明技术、星网锐捷、鸿泉物联、国盾量子、亨通光电等企业，依托其先进的通信模块、物联网解决方案及数据传输技术搭建物联网信息流通的坚实桥梁。

应用层则是物联网技术与各行业深度融合的具体体现，小米集团、华米科技、极米科技、涂鸦智能、联想集团等消费电子及智能设备企业，宁水集团、青鸟消防等垂直行业应用商，以及东方国信、图森未来、德赛西威、华阳集团、四维图新、中科创达、捷顺科技等提供大数据处理、人工智能服务、自动驾驶解决方案的企业，共同推动了物联网技术在各领域的广泛应用与深化发展。

四、支持 5G 消费级应用及行业升级

当前，5G 技术的应用正处于一个历史性的转折点，从初期的"点状开花"式探索，即在个别领域或场景下的初步尝试与成功展示，逐步向更为广泛、深入的阶段迈进，全面渗透到各行各业的日常运营之中，覆盖生产、管理、服务等全流程、全环节，形成无缝连接的智能化生态系统。在此背景下，"扬帆"行动计划适时出台。该计划不仅明确了 5G 技术未来发展的战略方向，还细化了一系列具体举措，旨在通过政策引导、技术创新、产业协同等多方面的努力，加速 5G 技术的普及与应用深化。它鼓励和支持企业在消费领域推出更多基于 5G 的创新产品和服务，满足人民日益增长的美好生活需要；同时，在工业制造、智慧城市、医疗健康、教育娱乐、交通物流等行业级应用中，推动 5G 技术与传统行业深度融合，催生新业态、新模式，促进产业结构优化升级。

（一）5G 消费级应用及规模化发展趋势分析

5G 建设不仅是我国数字经济增长的核心驱动力，更是推动经济社会向数字化、网络化、智能化转型不可或缺的基石。在这一进程中，终端作为 5G 应用的基石，其消费级市场的繁荣成为 5G 规模化发展的先决条件。

1. 5G 手机普及加速，XR 等新兴终端蓄势待发

近年来，5G 手机在消费级市场迅速站稳脚跟，见证了我国企业非凡的产业化速度与实力。短短三年时间，5G 手机出货量占比便跃升至 80% 以上，价格也更加亲民，迈入千元时代。这一普及浪潮极大地促进了基于 5G 的高码率、强交互视频类业务，如超高清视频、云游戏、在线教育、视频会议等的用户体验升级。通过 5G 模组实现的高效云端渲染与毫秒级时延传输，为用户带来了远超 4G 时代的流畅与沉浸感。然而，尽管 5G 手机市场表现强劲，其他 5G 消费级终端的增长却未及预期，尚未催生出革命性的"杀手级"应用。

随着消费者对交互体验需求的日益增长，扩展现实（XR）技术凭借其无缝融合虚拟与现实的独特魅力，有望成为下一个风口。XR 作为 AR、VR、MR 等技术的集合体，正逐步搭建起下一代移动计算的综合平台，是未来数字生活的重要支柱。技术的持续

进步与产业生态的日益完善，正引领 XR 终端市场迎来关键转折点。从高通的 7nm 骁龙 XR2 芯片提供强大算力，到 Pancake 光学方案减轻设备重量；从多传感器融合与 AI 算法增强交互性，到 5G 网络赋能的高清低延迟体验，XR 设备的用户体验正经历质的飞跃。

根据 IDC 数据，2021 年全球 AR/VR 头戴式显示器出货量激增 92.1%，达到 1 120 万台，预计未来年复合增长率将高达 45.9%。元宇宙概念的兴起更是为 VR 产业链注入了新的活力，加速了 XR 生态的成熟与完善。尽管目前 XR 终端仍处于发展初期，但随着技术瓶颈的不断突破和生态系统的日益丰富，"5G+XR" 消费级终端的出货量有望迎来爆发式增长，开启一个全新的沉浸式数字生活时代。

2. 5G 应用：从示范引领迈向规模化繁荣的新征程

随着云计算、大数据、人工智能与 5G、5G-A 等前沿技术的深度融合与持续创新，一股前所未有的数字生产力正深刻重塑着各行各业，成为推动数字经济发展的核心驱动力。在这一进程中，数字技术与实体经济的深度融合，不仅加速了传统产业的转型升级，更为经济高质量发展注入了强劲动能。

目前，我国已全面实现所有地级市及县城城区的 5G 网络覆盖，标志着 5G 基础设施建设取得了里程碑式的成就。5G 应用已广泛渗透到国民经济超过七成的大类行业中，通过改变人们的生产生活方式，为经济社会带来了深远影响。据统计，至 2023 年年底，5G 行业应用已深度融入 97 个国民经济大类中的 71 个领域，累计应用案例超过 9.4 万个，行业虚拟专网数量突破 2.9 万个。特别是在工业、矿业、电力、港口、医疗等关键领域，5G 应用实现了从浅尝辄止到深度渗透的转变，"5G+工业互联网" 项目数量更是超过 1 万个，彰显出 5G 技术赋能传统产业转型升级的强大潜力。

为进一步推动 5G 应用的规模化发展，我国正加快推进地级及以上城市的 5G 网络深度覆盖，并逐步向有条件的县镇延伸。同时，强化 5G 行业虚拟专网的建设与部署，提升多元化网络供给能力。在技术创新方面，前瞻布局 5G-A 技术研究、标准制定与产品研发，加速 5G 轻量化（RedCap）技术的演进与商用化进程，持续开展新技术测试验证，促进产业成熟度提升。此外，还致力于深化 5G 与垂直行业的融合应用，加强国与国之间在标准、技术、产业、网络、应用及安全等领域的交流合作，共同推动全球 5G 生态的繁荣与发展。

3. 迈向高质量发展的征途：机遇与挑战并驱

尽管我国 5G 消费级终端发展根基稳固，前景光明，但仍处于探索与成长的关键时期。在终端形态多样化与出货量持续攀升的道路上，我们面临诸多挑战。手机终端市场已顺利完成从 4G 到 5G 的迭代，步入存量竞争阶段，难以再激发大规模的增长浪潮。未来的增长引擎将聚焦以 XR 终端为代表的新型 5G 消费级设备。然而，XR 终端的发展之路亦非坦途，主要面临两大核心挑战。

首先，用户体验的提升需求与关键技术瓶颈并存。一方面，5G 网络与 XR 业务的深度融合尚不充分，云网优化未能充分适配 XR 业务特性，导致网络体验难以达到用户期望；另一方面，XR 设备在轻量化设计、光学表现、感知交互能力等方面仍存在技术短板，限制了用户体验的全面升级。

其次，XR 终端产业生态的构建尚不完善，亟须产业链各环节的协同努力。当前，XR 终端市场碎片化现象严重，操作系统与软硬件接口标准不一，导致应用与终端兼容性问题频发，严重制约了 XR 产业的健康发展。同时，高昂的制造成本成为消费级应用创新的桎梏，难以形成"优质应用驱动终端销量，终端销量增长反哺应用开发者"的良性循环。为此，亟须应用开发者、终端制造商、网络运营商等产业链伙伴携手合作，共同制定统一标准，构建开放、健康的产业生态体系。

最后，5G 行业应用的规模化发展之路亦非一帆风顺，面临资金压力、产业链成熟度、中小企业数字化基础薄弱、行业标准缺失等多重挑战。企业在疫情冲击下，特别是中小企业普遍面临资金紧张、市场萎缩等问题，导致对 5G、工业互联网等新技术的投资意愿降低。同时，中小企业数字化基础薄弱，技术门槛高、研发成本高企、市场碎片化等问题也制约了其参与 5G 应用研发的积极性。此外，当前基于 5G 网络的工业互联网行业标准尚不完善，跨界融合仍需深化。

（二）投资关注建议

1. 聚焦 5G 消费级应用：分批次突破，引领未来娱乐与生活新纪元

随着 5G 技术的全面铺开与深度渗透，我们正步入一个由高清视频、即时互动与沉浸式体验共同塑造的新时代。在消费级应用领域，5G 技术的赋能使得视频类应用焕发出前所未有的生机与活力。从现有的长短视频、网络直播平台出发，这些平台将充分利用 5G 的高带宽、低时延特性，实现视频画质的飞跃式提升，让观众享受接近无损的观看体验，同时消除卡顿与延迟，让直播互动更加自然流畅。

更为引人注目的是，5G 还将催生一系列全新的交互体验应用。云转播技术将打破地理界限，让体育赛事、演唱会等大型活动的现场直播更加灵活多样；智慧场馆体验则通过"5G+物联网技术"，为观众提供个性化服务，增强现场参与感；全景 360° 直播与 VR 观赛更是将观众带入赛事核心，带来前所未有的沉浸式体验，仿佛与运动员并肩作战，共享胜利的喜悦。随着 AR/VR 技术的持续成熟与普及，预计在不久的将来，基于"5G+AR/VR"的创新应用将全面爆发，覆盖教育、娱乐、旅游等多个领域，为用户开启一个全新的、充满无限可能的虚拟与现实交融的世界。在此过程中，游戏行业作为技术应用的先锋，三七互娱、吉比特、世纪华通等领军企业凭借其深厚的技术积累和敏锐的市场洞察，将引领这场娱乐革命，推动游戏产业向更高层次发展。同时，技术提供商如顺网科技在云游戏领域的深耕细作，也为整个行业带来了新的盈利模式和增长点。

2. 深化 5G 行业级应用：示范先行，驱动产业升级与数字化转型

5G 技术不仅在消费领域大放异彩，其在行业级应用的深度挖掘与广泛布局，更是为传统产业的转型升级提供了强大的动力。从制造业的智能制造、矿山的安全生产、电力的智能电网，到港口的自动化作业、医疗的远程诊疗，5G 技术正逐步渗透到各行各业的核心环节，推动着生产方式的根本性变革。随着人口老龄化趋势的加剧、管理精细化要求的提升，以及生产协同化、制造服务化等需求的日益增长，5G 技术正以前所未有的深度和广度融入行业生态。它不仅从简单的网络替代、生产监测向数字化研发、精准控制等高级阶段迈进，还助力企业实现高效运营与可持续发展。

尤为重要的是，随着行业用户对 5G 技术性能认知的加深与信任度的提升，以及基础电信运营网络产品与定价体系的不断优化，由行业用户或创新者主导的新一轮 5G 融合产品创新浪潮即将来临。这些创新产品将紧密结合行业的特点，创造出具有行业特色的应用价值，不仅能够解决行业痛点、提升生产效率，还能够开辟新的市场空间，为行业发展注入强劲动力。因此，投资者需密切关注 5G 在行业级应用的示范效应，紧跟行业发展趋势，对于把握未来发展机遇、推动产业升级与数字化转型具有至关重要的意义。

第七章

5G 产业投资面临的风险

一、宏观经济波动风险

近年来，中国经济面临诸多内外部挑战，其中内需不振成为一个显著问题。传统的经济活动依赖出口来支撑，而国内市场的消费动力则稍显相对不足。尤其是在房地产市场，由于多种因素的综合作用，市场低迷的状况对经济产生了不小的影响。

自 2023 年开始，我国经济市场的表现便未能完全达到市场预期。尤其是在社会消费品零售总额方面，自 2022 年第四季度以来，其增速持续回落。背后的原因多种多样，既包括居民收入增长的放缓，也有消费者对未来经济前景的担忧等因素。

值得关注的是，这些现象反映出居民消费能力和消费意愿的变化。在过去，我国一直是全球最具活力的消费市场之一，但当前却呈现出一种"消费降级"的趋势。这并非指消费者降低了所有类型商品和服务的消费，而是相对于过去的高速增长，当前的消费增长在质量和结构上表现出某种程度的放缓或"降级"。这种趋势对于经济的长期可持续发展是不利的，也需要政策制定者和市场主体共同努力，通过一系列的政策措施来加以引导和调控。

从当前宏观经济与消费市场的多维度数据剖析，我们可以清晰地观察到，社会消费品零售总额在经历 2023 年第二季度的短暂高峰后，逐渐步入了一个下滑通道，标志着消费市场正处于一个趋于谨慎的态势中。这一趋势的成因错综复杂，深刻反映了多重因素交织下的市场现状。

首先，在经济增速放缓的宏观背景下，居民对于未来收入的预期普遍下调，这种不确定性促使消费者行为趋向保守，更倾向于将有限的资金用于满足基本生活需求，而非追求非必需品的消费升级，从而压缩了整体消费市场的增长空间。

其次，房地产市场的持续低迷不仅直接影响了相关产业链的发展，还通过财富效应和信心机制的传导间接削弱了广大居民的消费信心。房产作为家庭资产的重要组成部分，其价值的波动直接影响到家庭的财务安全感和消费决策，进而抑制了整体消费支出。

最后，新冠病毒感染疫情的全球大流行不仅改变了人们的日常生活方式，也重塑了消费习惯。居民在面对不确定性时，更倾向于增加储蓄以应对潜在风险，减少在非必需品上的开支，这种"预防性储蓄"的增加进一步削弱了消费市场的活力。

此外，尽管政府出台了多项刺激消费的政策措施，但实际效果却未能完全达到预期。这可能与政策实施存在一定的时滞效应，以及居民消费意愿持续低迷有关。政策与市场的互动未能形成有效合力，导致消费市场未能迎来预期的回暖。

与此同时，5G 基础设施建设领域也面临前所未有的挑战。高昂的资金投入和漫长的投资回收周期使得 5G 网络建设成为一项艰巨任务。相较于 4G 时代，5G 基站的建设成本和数量均显著增加，而市场需求虽然潜力巨大，但短期内仍受到宏观经济下行压力和下游应用普及程度的制约。特别是无人自动驾驶汽车、个性化工业订单等前沿应用在我国尚处于起步阶段，与发达国家相比仍存在较大差距，这在一定程度上限制了5G 网络的应用场景和市场需求。

若 5G 下游应用需求未能如期增长，将直接导致建设成本与产出产能之间的矛盾加剧，成为相关企业面临的重大不确定性风险。对电信运营商而言，这无疑将对其收入端构成巨大压力，进而可能影响其对于 5G 建设的持续投入和布局，对整个 5G 产业链的发展带来不确定性。因此，如何在当前复杂的市场环境下，有效平衡 5G 建设的投入与产出，成为摆在所有相关企业和政策制定者面前的一道难题。

二、运营商投资预期风险

通信设备行业的持续繁荣，不仅是技术创新与产业升级的直接体现，更是下游运营商、IT 企业、政府机构及广泛产业链伙伴间紧密合作、共同投入与战略协同的辉煌成果。这一行业生态的复杂多样与快速变化，促使所有参与者必须保持高度的敏锐度与适应性，既要紧盯全球技术前沿，确保技术领先性，又要深谙市场脉搏与政策风向，灵活调整策略，以精准对接市场需求，实现可持续发展。

从成本效益的维度审视，5G 网络的建设与维护无疑是一场考验智慧与财力的战役。高频 5G 频段以其卓越的技术性能引领潮流，但高昂的建设成本、信号在复杂环境中的衰减以及能耗问题，成为其全面普及的瓶颈，尤其是在偏远及农村地区，这一挑战尤为突出。为此，探索更为经济高效的解决方案成为行业共识。

中国移动适时推出的低频 700MHz 频段建设方案，如同在波涛汹涌的市场中投下的一根"定海神针"。低频信号的天然优势——强大的穿透能力和广泛的覆盖范围，让运营商在降低基站部署密度的同时，依然能确保信号的稳定与连续，从而显著降低了网络建设与运营的总成本。这一策略不仅为运营商减轻了财务压力，更为其释放了更多资源用于技术创新与服务优化，提升了整体经济效益。

与此同时，运营商的决策逻辑深深植根于对收入来源与市场需求变化的深刻理解之中。随着移动互联网的普及和万物互联时代的到来，个人用户对通信服务的需求日益多元化和精细化，信号稳定性与网络速度成为衡量服务质量的关键指标。低频 5G 网络以其卓越的覆盖能力和稳定的信号传输，完美契合了这一市场需求，为运营商吸引了更广泛的用户群体，巩固了市场地位，并为其带来了持续稳定的收入来源。

面对"提速降费"政策的持续推进，运营商面临前所未有的经营压力与改革需求。如何在保障服务质量的同时，有效控制成本、提升运营效率，成为摆在运营商面前的重大课题。低频"假 5G"方案的提出与实施，正是运营商在这一背景下深思熟虑的应对之策。它不仅为运营商提供了降低投资成本、提升经济效益的现实路径，更为其未来的网络升级与扩展预留了充足的空间与潜力，助力运营商在激烈的市场竞争中保持领先地位。

对投资者而言，通信设备行业的这一系列变化既是挑战也是机遇。在关注行业领军企业战略动态的同时，投资者应更加注重对行业深层次因素的挖掘与分析，包括成本效益的精细评估、市场需求的动态变化以及政策导向的深刻影响等。通过科学理性的投资决策，投资者不仅能够抓住行业发展的先机，更能在未来的市场竞争中占据有利位置，实现投资价值的最大化。

三、技术安全风险

5G 网络技术具备多项显著特点，如缩短延迟、提升网速等。然而，5G 应用方案中广泛采用了虚拟化、网络切片、边缘计算、网络能力开放等创新技术，这与传统的移动网络技术架构存在显著差异，因此也带来了新的安全威胁和风险，对数据保护、安全防护以及运营部署等方面提出了更高的要求。

（一）应用供给面不断扩大

5G 网络涉及用户、应用服务提供商、通信服务提供商、通信设备供应商等参与方。随着 5G 网络基础设施与网络服务的全面解耦，原有的市场格局将被打破，更多软硬件资源提供商将参与 5G 网络建设。这将需要更多开放式接口和标准化的通信协议。然而，网络接口的增加也意味着网络脆弱点的增多，被攻击和利用的可能性也随之增大。在 5G 网络应用中，会融入大量非强制性的安全功能，这些功能是否得到有效利用取决于各家通信网络提供商的决策。2022 年，安全研究人员建议 5G 服务运营商应尽快采用"控制风险纠正"（CRC）方法，以更有效地缓解安全威胁。这种方法有助于移动网络运营商识别高风险来源，并采取有针对性的预防措施。

（二）数据泄露风险增加

5G 网络上服务和场景的多样性，以及网络的开放性增加了用户和设备（UE）隐私信息被泄露的风险。例如，在"5G+智能医疗"场景中，患者的机密信息可能面临泄漏或篡改的风险；在"5G+智能交通"场景中，车辆的位置和驾驶轨迹等私人信息也可能被泄露，并遭受非法追踪和使用。2022 年的研究显示，与物联网 API 相关的 5G 数据安全威胁使攻击者能够访问各种类型的 5G 联网设备及其中的数据。这表明，现有的 5G 网络在数据保护和身份管理方面仍存在显著不足。攻击者可以访问大量 5G 用户的数据流，或直接侵入一些联网设备中，这进一步加剧了个人隐私保护的威胁。

（三）5G 网络管理更加困难

运营商是移动通信网络的运营和维护主体。在多供应商参与 5G 网络云化建设的情况下，运营商的运维管理复杂度将同步提升。运营商需要清晰掌握网络架构、网络组件功能以及供应商的责任分工，才能建立一套合理有序的运维管理模式，以防止网络运维管理失控或因权限划分不当造成信息泄露。诺基亚和 GlobalData 在 2022 年 11 月联合发起的调查显示，当前大多数 5G 运营商面临安全态势不可视、用户信息可能非授权访问、网络运维不规范、人工运维工作强度大等问题。因此，企业用户对现有的 5G 应用安全状况缺乏信心。不过，好消息是 5G 网络的安全性有望得到加强。韩国仁川国立大学的团队开发了一种利用人工智能和 5G 技术对恶意软件进行分类的工具，而微软等大型企业也开始通过人工智能研发，以改善 5G 网络安全工具的效果。

（四）网络切片导致新威胁

5G 网络切片在提供差异化网络服务的同时也带来了新的安全挑战。例如，网络切片管理器与其目标物理主机平台之间的相互身份认证问题（以防实例化假冒攻击），以及针对网络切片的降维度或降级攻击等问题。攻击者可以利用一个网络切片中的弱点，然后横向移动到另一个网络切片，从而扩大攻击范围。他们也可以在很少更新的低级设备（如消费级游戏系统）中搜寻 5G 安全的应用漏洞，然后通过寻找其他网络切片的弱点来实施横向攻击。

（五）针对 5G 基础设施的威胁

尽管企业用户已经了解 5G 网络的应用优势，但他们仍然持观望态度。一些与 5G 网络相关的误导性报道信息加剧了这种担忧。为了阻止 5G 的应用部署，一些组织或个人甚至采取了极端措施。例如，在澳大利亚新南威尔士州，一些抗议者故意纵火烧毁了一座 5G 基站，以阻止该地区的人们使用 5G 网络，他们担心由此造成的环保和健康问题。这表明 5G 应用的安全威胁不仅限于网络技术领域。

此外，一些恐怖组织还可能通过干扰通信塔来制造恐慌和进行大肆破坏。这种破坏对必要的基础设施构成威胁，并可能引发社会性恐慌。例如，5G 救护车试验表明，其可以改善对危重患者的院前急救过程。然而，如果不法分子破坏了某个地区的 5G 设备，就可能引发该地区的医疗秩序混乱。这种情况还会在风暴、地震等灾难应急救援工作中产生类似的负面影响。

（六）IMSI 捕获器的违规使用

尽管 5G 技术在设计中加强了对国际移动用户身份（IMSI）捕获器的防范，但黑客仍有可能通过入侵一些合法的应用监管系统来拦截通话和数据信息。这要求 5G 服务运营商与监管机构加强合作。尽管安全研究人员的研究结果表明，目前已经运营的 5G 网络都对防范 IMSI 捕获器滥用提供了相应的防护措施，但防护效果还有待观察。研究人员表示，这些安全功能在非独立 5G 网络和独立 5G 网络上的应用表现存在较大差异。由于非独立 5G 网络还包含大量的 4G/LTE 基站，因此更容易受到被动监视的威胁。

四、技术和产品结构升级风险

通信技术作为驱动现代社会快速发展的关键力量，其发展历程深刻映射出技术革新与产业升级的紧密联动与周期性规律。这一领域内的每一次飞跃，都不仅仅是技术参数的微调或增强，而是从根本上重塑了通信协议的标准、网络架构的蓝图以及应用场景的边界，引领着信息时代的深刻变革。这些变革如同催化剂，促使了通信设备制造业经历从硬件性能跃升到软件智能化，再到生态系统构建的全面蜕变，为行业创造了巨大的市场需求，同时也为通信设备制造企业铺设了通往未来市场的黄金大道。

在技术创新的浪潮中，"双刃剑"效应尤为显著。一方面，它如同催化剂，加速了行业内部的优胜劣汰机制，促使那些具备自主研发能力、掌握核心专利、能够敏锐捕捉并引领技术趋势的企业迅速崭露头角，成为行业的领航者，不仅赢得了市场的广泛认可，更在竞争中占据了有利位置。另一方面，对那些技术储备不足、创新能力有限的企业而言，技术创新的快速迭代则成了沉重的负担，它们往往难以跟上市场的步伐，面临市场份额被蚕食、生存空间被压缩的严峻挑战，甚至最终不得不退出市场舞台。

随着信息通信技术向更高层次迈进，对核心元器件如芯片、光纤光缆的性能要求达到了前所未有的高度。这不仅是对技术极限的挑战，更是对产业链上下游协同创新能力的考验。为了满足市场对更低损耗、更短时延、更长传输距离以及更大信息承载能力的迫切需求，国内领军企业纷纷加大研发投入力度，聚焦前沿技术探索，力求在关键技术领域实现自主可控的突破，从而在全球竞争中占据有利位置。

然而，通信设备制造行业的发展之路并非坦途。政策环境的复杂多变，尤其是涉及 5G 技术部署和推广的各个环节，如政策导向的调整、标准的制定与修订、市场准入的门槛等，都对企业的战略布局和运营决策产生了深远的影响。因此，企业需保持高度的政策敏感度，密切关注政策动态，灵活调整战略方向，以应对潜在的政策风险。

在激烈的市场竞争和行业洗牌的背景下，通信设备制造企业还须注重提升自身的核心竞争力。这包括但不限于提高自主研发能力、优化产品结构、提升产品质量和服务水平、拓展国内外市场等。同时，加强与产业链上下游企业的合作与协同，共同推动行业标准的制定和完善，也是实现行业健康发展的重要途径。

对投资者而言，在审视通信设备制造行业时，应秉持理性而审慎的态度。重点关注那些能够持续投入研发、拥有强大技术实力和市场占有率的企业，它们更有可能在未来的竞争中脱颖而出，成为行业的领军者。而对那些技术落后、市场份额持续下滑且缺乏新产品替代能力的企业，则须保持警惕，避免盲目跟风或投资失误。通过深入分析和科学判断，投资者可以更加精准地把握行业的脉搏，为自身的投资决策提供有力支持。

五、国际贸易形势变化风险

自 2018 年以来，全球贸易保护主义的阴霾非但没有消散，反而愈演愈烈，其影响范围显著扩大，深度触及高科技领域的核心地带。5G 技术及设备作为驱动未来信息社会高速前行的关键引擎，不幸被卷入这股逆流之中，成为国际政治经济博弈中的一枚重要棋子。美国对我国通信行业，特别是中兴通讯、华为等全球 5G 领军企业发起的系统性打压与制裁，不仅重塑了行业版图，更在全球范围内激起了关于技术主权、安全保障及市场准入标准的激烈辩论与深刻反思。

面对这一复杂多变的局势，5G 技术在国际贸易舞台上的风险挑战呈现出多维度、深层次的特点，具体体现在以下五个方面：

（一）技术标准的制定与知识产权的争夺

5G 技术的迅猛发展，作为新一代信息技术的核心驱动力，其技术标准的统一与知识产权的清晰界定成为全球范围内亟待解决的关键问题。然而，由于各国在技术实力、研发进度及战略利益上的差异，技术标准的制定过程中往往伴随着激烈的讨论与分歧。这种分歧不仅延缓了国际标准共识的达成速度，还可能导致跨国企业间的合作壁垒高筑，设备兼容性难题频现，进而推高了企业的运营成本，并加大了其市场扩张的难度。为了在这场技术竞赛中占据有利地位，企业不得不加大研发投入力度，持续创新，以确保自身技术始终处于领先地位，否则便有可能在激烈的市场竞争中逐渐被边缘化。

（二）市场需求的不确定性加剧

贸易保护主义的兴起，如同一股寒流席卷全球 5G 市场，为行业的未来发展蒙上了一层厚重的阴影。部分国家以保护本土产业、确保国家安全为由，对外国技术实施了严格的限制或排斥政策，这无疑为外国企业在这些市场的准入设置了重重障碍，严重限制了其增长潜力。与此同时，随着消费者对个人隐私保护、数据安全等问题的重视程度日益提高，他们在选择5G产品和服务时变得愈发谨慎，这种消费心理的变化进一步加剧了市场需求的波动性和不确定性。面对如此复杂多变的市场环境，企业不断优化市场策略，调整营销策略，以更好地满足消费者需求，应对市场挑战。

（三）政策导向的复杂性与不确定性

在5G技术的全球推广与普及过程中，各国政府纷纷扮演起重要角色，通过出台一系列政策来引导和支持本国5G产业的发展。然而，这些政策往往涉及多个方面，包括但不限于国家安全审查、外资准入限制、税收优惠、补贴支持等，且在不同国家和地区之间呈现出较大的差异性。这种政策导向的复杂性和不确定性给企业在目标市场的运营带来了巨大挑战，增加了其运营的复杂性和难度。更为严重的是，政策制定过程中的不透明性和不可预测性使得企业难以准确把握政策走向，从而增加了其合规成本和潜在风险。因此，企业必须时刻保持对政策动态的密切关注，及时调整经营策略，以应对可能出现的政策风险。

（四）供应链的脆弱性与风险

5G产业链的复杂性和高度关联性，如同一根错综复杂的纽带，将全球各地的生产商、供应商紧密相连，共同编织着高效生产与低成本运营的蓝图。然而，这根纽带也暗藏着脆弱性，一旦遭遇地缘政治冲突、自然灾害、疫情等不可预见的外部冲击，任何一个环节的断裂都可能触发连锁反应，对整个产业链造成深远且广泛的影响。因此，构建供应链的韧性和稳定性成为企业不可忽视的重要课题。

为了降低供应链风险，企业须采取多元化战略，不仅要在地理上分散供应链布局，减少对单一地区或国家的依赖，还要在供应商选择上保持多样性，确保在紧急情况下能够迅速调整供应链结构，维持生产活动的连续性。同时，加强供应链管理，提升供应链的透明度和可追溯性，利用先进的信息技术手段如区块链、大数据等，实时监控供应链动态，及时发现并应对潜在风险。

（五）地缘政治博弈下的战略竞争

随着地缘政治紧张局势的升级，5G技术作为新一代信息技术的代表，其战略价值愈发凸显。它不仅是国家经济转型升级和产业升级的关键驱动力，更是国家安全、军事优势等核心领域的重要支撑。因此，5G技术不可避免地成为地缘政治博弈的焦点，各国政府纷纷加大投入力度，竞相争夺在全球5G产业中的领先地位和话语权。

这种激烈的竞争与对抗，不仅加剧了国际政治紧张局势，也促使经济领域的竞争压力持续攀升。全球 5G 产业在享受发展机遇的同时，也面临诸多挑战和不确定性因素。为了在这场没有硝烟的战争中立于不败之地，各国企业需要不断提升自主创新能力，加强核心技术研发，形成独特的竞争优势。同时，积极参与国际标准制定，推动全球 5G 产业的规范化、标准化发展，共同构建开放、合作、共赢的产业生态。

在此背景下，投资 5G 行业既需要清醒地认识到潜在的风险与挑战，也应敏锐地捕捉到其中蕴含的机遇与前景。投资者应具备全球视野和战略眼光，深入分析市场动态、政策走向及产业链变化趋势，制定灵活多变的投资策略和风险管理措施。同时，企业也应加强自身建设，优化供应链管理，提升国际竞争力，以更加稳健的步伐迈向全球 5G 产业的广阔舞台。

附录

全国 5G 企业竞争力分析

一、我国 5G 行业竞争格局分析

（一）企业类型

在 5G 行业产业链中，由于各环节包括的企业类型相对丰富，涉及的企业数量比较多，因此根据企业业务范围的不同，将 5G 相关企业分为三种类型：上游环节包括华为、中信科移动通信、亨鑫科技、烽火和富通等；中游环节主要包括中国联通、中国移动和中国电信三家运营商；下游环节涉及的企业类型广泛，包含广和通、紫光股份和中海达等多家相关企业。

（二）区域格局

截至 2021 年年末，我国包括正在建设中的 5G 产业园区总数量接近 70 个，从区域分布情况来看，主要分布于广东、浙江和江西等省份，根据北京研精毕智信息咨询的行业研究报告，对当前我国各省份的 5G 产业园区建设情况进行了调研统计，广东省以 8 个 5G 产业园区数量位列各省份的首位；浙江和江西省均以 7 个产业园区数量排在其后，除此之外全国其他省份的 5G 产业园区数量之和共计达到了 48 个，见附图 1。

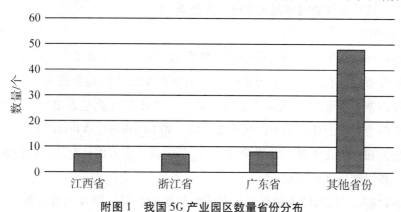

附图 1　我国 5G 产业园区数量省份分布

数据来源：北京研精毕智信息咨询的行业研究报告。

（三）市场集中度

1. 光纤光缆

从全球看，光纤光缆市场的主要参与者包括康宁（美国）、古河电工（日本）、长飞光纤（中国）、中天科技（中国）、亨通光电（中国）、富通信息（中国）、住友电工（日本）、普睿司曼（意大利）、烽火通信（中国）和藤仓（日本）等。这些企业在全球市场中占据重要地位。根据相关数据，这些主要企业的市场份额从 2019 年的 86% 上升到 2021 年的 98.59%，显示出极高的市场集中度。从全球市场集中度来看，2018—2021 年，光纤光缆集中度 CR10（市场份额前 10 名的企业所占的百分比）在 85% 以上，进一步证明了市场的高度集中性。

在中国市场，长飞光纤、亨通光电、烽火通信、中天科技等企业是光纤光缆行业的领军企业，它们在市场中占据较大份额。长飞光纤在 2021 年以 12.18% 的份额位列国内第一、全球第三，显示出其在中国市场的强大竞争力。目前，国内光纤光缆企业主要分为三个梯队：第一梯队是注册资本在 30 亿元以上的企业，主要包括中天科技等；第二梯队是注册资本在 10 亿~30 亿元之间的企业，如亨通光电、烽火通信等；第三梯队是注册资本在 10 亿元以下的企业，如长飞光纤等。尽管存在不同梯队，但整体市场仍由少数几家大型企业主导。

综上所述，光纤光缆市场具有较高的集中度，这一特点在全球和中国市场均有所体现，原因在于：一是光纤光缆行业具有较高的技术壁垒，尤其是光纤预制棒等核心部件的制作工艺，这使得新进入者难以快速获得市场份额；二是光纤光缆生产具有规模效应，大型企业能够通过规模化生产降低成本，提高竞争力，从而进一步巩固市场地位；三是随着 5G、云计算、物联网等技术的迅猛发展，对光纤光缆的需求不断增加，为行业内的领军企业提供了更大的市场空间。

未来，随着技术的不断进步和市场需求的持续增长，光纤光缆市场的集中度可能会进一步提高。然而，也需要注意到市场竞争的激烈性和不确定性因素，如政策变化、技术创新等，这些都可能对市场集中度产生影响。

2. 射频器件

射频器件行业属于技术密集型行业，技术水平是决定企业竞争力的关键因素。因此，射频器件市场具有较高的市场集中度，主要由少数几家具有技术实力和市场份额的领先企业占据主导地位。从全球范围来看，射频器件行业呈现出巨头垄断的特征。美国和日本的企业在全球市场中占据重要地位，如 Broadcom、Murata、Qorvo、Skyworks 等。这些企业在声学滤波器（SAW 和 BAW）等关键技术方面具有较强的技术优势和品牌影响力，难以被后来者撼动。

随着 5G 商用时代的到来和相关新兴领域的蓬勃发展，以及国家政策的大力扶持，国内射频芯片厂商有望打破国外厂商的垄断地位，实现快速发展。滤波器是射频器件中的重要组成部分，包括声表面波滤波器和体声波滤波器等。全球滤波器市场主要由 Broadcom、Qorvo 等国外厂商主导，但国内企业如大富科技、武汉凡谷等也在介质滤波器领域取得一定进展。功率放大器在射频器件中占据重要地位，主要用于信号的放大和传输。国内企业在 PA 市场中的竞争力不断提升，如唯捷创芯、慧智微等企业已在市场中占据一定份额。然而，国外厂商在高端 PA 市场仍占据主导地位。未来，随着技术的不断进步和市场需求的持续增长，射频器件行业将继续保持快速发展态势。

3. 基站天线

从运营商基站天线集采项目中标厂商市场集中度来看，基站天线市场的集中度相对较高，主要集中在几家具有技术实力和市场份额的领先企业之间。根据中国国际信息通信展发布的 2021 年 5G 天线企业排行榜单，排名前五位的企业分别是华为技术有限公司、中信科移动通信技术股份有限公司、上海诺基亚贝尔股份有限公司、京信通信技术（广州）有限公司、江苏亨鑫科技有限公司。这些企业通过技术创新、规模化生产和市场拓展等手段不断提高自身的竞争力和市场份额，从而维持了市场的高度集中性。未来，随着技术的不断进步和市场需求的持续增长，基站天线市场有望继续保持增长态势，但市场集中度可能会受到新进入者、政策变化等因素的影响而发生变化。

4. 5G 运营

在中国，5G 运营竞争格局主要体现在各大运营商之间的竞争上，即中国移动、中国联通和中国电信。这三家运营商在 5G 网络建设、用户规模、业务布局等方面均展现出强大的实力。

作为 5G 行业的龙头企业，中国移动在 5G 投资额、5G 套餐用户数、5G 基站建设数等方面均处于领先地位。截至 2023 年年底，中国移动的 5G 专网项目落地超过 1.5万个，5G 专网充分融入行业办公生产环节，收入突破 50 亿元。此外，中国移动还在加速推进 5G-A 的商用部署，计划 2024 年在超过 300 个国内城市启动全球规模最大的 5G-A 商用部署。中国联通在 5G 行业虚拟专网服务方面也取得了显著成绩，其服务客户数达到 8 563 个，较 2022 年年底大幅增加。中国联通在 5G 网络建设、技术创新、应用拓展等方面也在不断推进，以满足不同行业对 5G 网络的需求。中国电信在 5G 领域同样表现不俗，已在制造、能源、医疗、教育、智慧城市、交通、文旅等领域打造 5G 专网 8 000 余个。中国电信还积极推动 5G 与云计算、大数据、人工智能等技术的融合创新，为用户提供更加丰富的 5G 应用和服务。

目前，从网络覆盖范围与质量看，中国移动、中国联通和中国电信三大运营商均在全国范围内积极布局 5G 网络，不断扩大网络覆盖范围和提高网络质量。从用户规模与增长看，中国移动在 5G 用户数方面占据明显优势，但其他运营商也在通过优惠政策、服务升级等手段积极吸引用户。从业务布局与创新能力看，中国移动在 5G 专网建设和应用拓展方面走在前列；中国联通则注重在垂直行业提供定制化解决方案；中国电信则积极推动 5G 与云计算、大数据等技术的融合创新。

综上所述，5G 运营竞争格局呈现出多元化、差异化的特点。未来，随着 5G 技术的不断成熟和应用的深入拓展，5G 运营市场的竞争将更加激烈。运营商需要不断加强技术创新、优化网络布局、拓展应用场景、提升服务质量以应对市场挑战。同时，随着 5G-A 等新一代 5G 技术的商用部署加速推进，运营商还需要积极跟进新技术发展动态并制定相应的市场策略以抢占市场先机。

二、企业竞争力综合分析方法

5G 企业的综合竞争力需要从多个维度进行考量，包括技术创新能力、市场份额、品牌影响力、产业链整合能力、研发投入及财务表现等，具体表现为：

第一，技术创新能力是 5G 企业核心竞争力的关键。领先企业如华为、中兴等在 5G 技术方面拥有大量专利，不断推动技术创新和演进。例如，华为在 5G-A 及 6G 预研方面取得了显著进展，发布了 5G-A 全系列产品与解决方案。此外，企业能否提供多样化的 5G 产品和定制化解决方案也是衡量其技术创新能力的重要指标。例如，联发科发布的 5G RedCap（5G 轻量化）产品组合，适用于广泛的低功耗物联网设备。

第二，企业在全球及特定区域市场的份额反映了其市场影响力和竞争力。例如，联发科在 2024 年第一季度的全球 5G 智能手机市场份额中位居首位，达到了 29.2%。强大的客户基础和广泛的合作伙伴网络也是企业市场份额的重要保障。例如，华为、中兴通讯等企业与全球多家运营商建立了紧密的合作关系。

第三，品牌影响力是企业长期积累的结果，包括品牌知名度、美誉度以及客户忠诚度等。领先企业如华为、苹果等在全球范围内享有极高的品牌知名度和美誉度。企业通过积极参与各类市场活动、展会以及广告宣传等方式提升品牌影响力。例如，在 MWC2024 上，多家 5G 企业展示了其最新技术和产品，进一步提升了品牌影响力。

第四，企业能否有效整合上下游资源，形成完整的产业链生态，对其竞争力至关重要。5G 产业链涉及多个环节，包括芯片、设备、网络、应用等。例如，华为、中兴通讯等企业在 5G 产业链上下游均有所布局，形成了较强的产业链整合能力。此外，在全球供应链波动加剧的背景下，供应链的稳定性成为企业竞争力的重要体现。企业需要具备应对供应链风险的能力，确保产品和服务的持续供应。

第五，企业的财务表现也是衡量其综合竞争力的重要指标。良好的财务表现可以为企业提供更多资源支持其技术创新和市场拓展。例如，联发科在 2024 年上半年的累计营业收入较 2023 年同期增长 34.5%。

综上所述，5G 企业的综合竞争力体现在技术创新能力、市场份额、品牌影响力、产业链整合能力以及研发投入与财务表现等多个方面。领先企业如华为、中兴通讯、联发科等在这些方面均表现出较强的竞争力。然而，随着 5G 技术的不断演进和市场竞争的加剧，企业需要持续加大研发投入力度、拓展市场份额、提升品牌影响力和产业链整合能力以保持其竞争优势。

三、上游重点企业分析

（一）京信通信

1. 企业简介

京信通信成立于1997年，是一家集研发、生产、销售及服务于一体的通信与信息解决方案提供商。总部及主要研发基地位于广州科学城，拥有面积达20 000余平方米的标准通信设备制造厂房，在美国弗吉尼亚州及加利福尼亚州也设有研究所。京信通信注重自主研发和技术创新，在各产品领域均掌握了关键核心技术，拥有无线接入、无线优化、天线及子系统、无线传输四大产品线，涵盖基站天线及子系统、网络系统、智能科技产品及解决方案等。在小基站、DAS直放站、基站天线等细分领域市场占有率居于领先地位，获5G小基站供应商TOP1，全球基站天线一级供应商等业内及市场的评定及认可。京信通信拥有众多自主的知识产权。截至2023年年底，全球专利申请5 800多项，专利授权4 100余项，5G专利申请900余项，并多次荣获国家专利金奖、国家科学技术发明二等奖等殊荣。京信通信积极拓展全球市场，在中国内地设有30余个分支机构，同时在亚太、欧洲、北美、南美设立了近10个海外分支机构，建立起覆盖全球的市场服务网络，业务遍布全球100多个国家和地区。

2. 经营情况

2023年上半年，京信通信总收入为32.28亿港元，同比增长6.1%。其中，基站天线及子系统业务收入占集团收入的51.2%，为16.52亿港元，同比增长2.3%。这表明，京信通信在核心业务领域保持了稳定的增长态势。2022年，京信通信实现营业收入63.65亿港元，同比增长8.4%；净利润约1.9亿港元，实现扭亏为盈。京信通信在盈利能力方面表现良好，如2023年上半年毛利为8.49亿港元，同比上升0.2%；归属公司股东的净利润为1.12亿港元，同比上升24.1%。这表明，京信通信在成本控制和盈利能力提升方面取得了显著成效。京信通信的收入主要源于基站天线及子系统业务、网络系统业务以及服务业务。其中，基站天线及子系统业务是京信通信的主要收入来源，但近年来受市场环境的影响，该业务的增长有所放缓。

3. 竞争力分析

从技术实力看，京信通信在无线通信技术领域拥有较强的研发实力，拥有一支专业的研发团队，并在LTE、5G等关键领域取得了一系列重要突破。例如，京信通信推出了面向5G-A的空地立体赋形绿色天线，助力低空经济腾飞。这种创新精神使得京信通信在市场上保持领先地位。从市场份额看，京信通信在国内市场拥有较高的市场份额，与中国移动、中国联通等国内主要运营商保持着良好的合作关系。与此同时，京信通信积极拓展国际市场，先后在亚太、欧洲、北美、南美设立了近10个海外分支机构，并在全球范围内建立了完善的市场服务网络。产品已经覆盖全球 100 多个国家和地区，具有较强的国际竞争力。从品牌影响力看，京信通信作为通信行业的知名品牌，具有较高的品牌知名度和美誉度。在国内外市场上享有良好的声誉，赢得了广大客户的信赖和支持。从客户关系看，京信通信与国内外主要运营商保持着长期稳定的合作关系。这种紧密合作关系有助于公司及时了解市场需求和动态，为客户提供更优质的产品和服务。同时，注重与上游供应商和下游客户的合作和协调，建立了稳定的供应链关系。这种关系有助于公司降低采购成本、提高生产效率和产品质量。随着 5G、物联网、工业互联网等技术的持续进步和应用场景的不断拓展，通信行业将迎来更加广阔的发展空间。京信通信作为通信行业的领军企业之一，将充分把握这些市场机遇，实现更快发展。

（二）亨鑫科技

1. 企业简介

江苏亨鑫科技有限公司（以下简称"亨鑫科技"）是一个提供无线接入系统解决方案的大型高科技企业，主要业务以设计无线接入系统解决方案，生产制造无线通信系统用天线、射频电缆、射频元器件、基站组件为主。其业务分布在欧洲、亚太、中亚等 70 多个国家和地区，在 14 个国家和地区注册商标，是全球知名的无线接入系统方案提供商。亨鑫科技全面推进"三化融合智能企业"建设，引领行业智能制造转型，全力推进"四大转型"，全面服务于无线接入系统、移动通信、轨道交通、通信 EPC、检测服务等领域，加快国际化进程，打造市场、产业、品牌全球一体化的国际化公司，奠定了 5G 时代战略转型基础，稳步实现高质量发展要求，为推进社会的无线系统接入的发展作出更大贡献。

2. 经营情况

近年来，亨鑫科技保持了稳定的增长态势。以 2022 年为例，亨鑫科技实现营业收入 20.4 亿元，同比增长 25.5%。然而，在净利润方面出现了一定波动。2022 年，亨鑫科技的净利润为 6 360 万元，同比下降 10.8%。亨鑫科技的毛利率和净利率也反映了其经营效率。在 2022 年，亨鑫科技的毛利为 3.76 亿元，同比增长 26.6%，但毛利率和净利率的具体数值可能受到多种因素的影响，如市场竞争、成本控制等。

3. 竞争力分析

亨鑫科技拥有专业的技术研发团队，致力于无线通信技术、数字技术及数字安全、新能源等领域的创新研发，目前形成了包括移动通信基站设备及基站天馈组件、室内信号覆盖解决方案、城市轨道交通解决方案等在内的多元化产品线，满足不同客户的需求。亨鑫科技不断推出新产品和技术解决方案，如 5G 天线、漏缆、小基站等，以适应移动通信技术的快速发展。亨鑫科技的业务已经覆盖全球多个国家和地区，包括印度、俄罗斯、新加坡、韩国等，形成了广泛的国际市场布局，并且与全球多个电信运营商建立了长期稳定的合作关系，为其提供高质量的通信产品和服务。

（三）通宇通讯

1. 企业简介

广东通宇通讯股份有限公司（以下简称"通宇通讯"）创立于1996年，地处粤港澳大湾区中心地带——广东省中山市火炬高技术产业开发区。该公司是一家主要从事移动通信基站天线、微波天线、射频器件、光模块、无线宽带终端、小基站和专网设备等产品的研发、生产、销售和服务业务的高新技术企业。通宇通讯自成立以来，经历了快速发展和不断壮大的过程。目前，通宇通讯拥有3个生产基地，分别位于中国中山、武汉和印度，具备强大的全球生产、供货能力。同时，设有4个分公司（中国香港、澳大利亚、芬兰、印度）及5个全资子公司（通信技术、通宇研究院、深圳元圣、深圳光为、广通智能），形成了较为完善的全球销售和服务网络。

2. 经营情况

2024年第一季度，通宇通讯实现营业收入2.36亿元，同比下降2.80%。同期，通宇通讯实现归母净利润490万元，同比下降85.72%。预计2024年1~6月，通宇通讯净利润盈利2 200万~3 000万元，同比下降28.43%~47.51%。尽管当前经营面临一定挑战，但通宇通讯凭借其在移动通信天线领域的领先地位和强大的海外市场拓展能力，有望在未来实现更好的业绩表现。同时，也需要继续关注市场环境变化，加强技术创新和内部管理，以应对日益激烈的市场竞争。

3. 竞争力分析

通宇通讯拥有强大的研发实力和丰富的知识产权。通宇通讯专注于研发和生产高品质、高性能的通信产品，涵盖了移动通信设备、无线网络设备、通信基础设施等多个领域，尤其在5G技术、物联网等领域取得了重要突破，如Massive MIMO技术的掌握和应用，以及天线射频一体化技术的趋势等。与此同时，通宇通讯在国内外市场上均占有一定的份额，下游客户主要为国内外主流运营商和设备集成商。在国内市场，客户涵盖中国移动、中国电信、中国联通等移动通信运营商及华为公司、中兴通讯、大唐电信等通信设备集成商等。在国外市场，客户涵盖爱立信、诺基亚、三星等设备集成商及沃达丰等系统运营商。

（四）亨通光电

1. 企业简介

江苏亨通光电股份有限公司（以下简称"亨通光电"），是一家在通信网络和能源互联领域具有显著影响力的综合解决方案提供商，属于中国光纤光网、智能电网、大数据物联网、新能源新材料等领域的国家创新型企业，位列全球光纤通信前3强，全球海缆系统前3强，全球线缆最具竞争力前3强。公司产业布局遍布全国15个省，在苏州拥有三座高科技产业园（光通信科技园、国际海洋产业园、光电线缆产业园）。其产品服务全球通信与能源互联网系统集成工程等重大工程项目。在欧洲、南美、南非、南亚、东南亚等区域，创建 11 家海外研发产业基地及 40 多家营销技术服务公司，业务覆盖 150 多个国家和地区，亨通光纤网络的全球市场占有率超过 15%，承建了大批海洋光网工程，是中国唯一具备与国际巨头竞争，且拥有端到端深海通信系统承建及服务的企业。

2. 经营情况

2024 年第一季度，亨通光电实现营业收入 117.85 亿元，同比增长 8.45%；实现归属于母公司所有者的净利润 5.13 亿元，同比增长 29.87%。净利润的快速增长表明亨通光电盈利能力显著提升。这一增长表明亨通光电在市场环境变化中仍保持了较强的市场竞争力和业务拓展能力。亨通光电的资产负债率为 54.60%，同比上升 0.19 个百分点，但仍处于可控范围内。亨通光电存货周转率为 1.19 次，同比下降 0.68 次；亨通光电总资产周转率为 0.19 次，同比下降 0.01 次。这些数据反映了亨通光电资产管理和运营效率的变化情况。

3. 竞争力分析

亨通光电在光纤通信、超高压海缆、硅光子及新能源材料等领域拥有强大的技术实力。亨通光电依托国家及省部级创新平台（国家企业技术中心、院士工作站、博士后工作站等），不断打破国外垄断，实现技术自主可控。亨通光电的产品线涵盖光纤光缆、电力电缆、特种通信线缆、光纤预制棒、光纤拉丝、电源材料及附件等领域。丰富的产品线能够满足不同客户的需求，提供一站式解决方案。

（五）烽火通信

1. 企业简介

烽火通信建立于 1999 年，是原国资委直属中央企业——武汉邮电科学研究院（烽火科技集团）下属的重要成员。2018 年，武汉邮电科学研究院与电信科学技术研究院实施联合重组，成立中国信息通信科技集团有限公司，烽火通信现为中国信息通信科技集团旗下的上市企业。烽火通信的主营业务包括光纤通信和相关通信技术、信息技术领域的科技开发，以及相关高新技术产品的制造和销售、系统集成、代理销售、工程设计、施工和技术服务等。具体来说，公司主营产品包括通信系统设备、光纤及线缆、数据网络产品等。烽火通信多次上榜《财富》中国 500 强排行榜，展现了其强大的企业实力和行业地位。

2. 经营情况

2023 年，烽火通信实现营业收入 311.3 亿元，同比增长 0.68%；实现归母净利润 5.05 亿元，同比增长 24.39%。净利润的显著增长表明公司盈利能力的大幅提升。2024 年第一季度，烽火通信实现净利润 4 147.65 万元，同比增长 10.93%。虽然季度净利润绝对值较小，但增长率仍然可观，显示出公司盈利能力的持续增长趋势。

3. 竞争力分析

烽火通信的主营业务涵盖通信系统设备、光纤及线缆、数据网络产品等领域。烽火通信围绕连接和算力，助力建设全光底座和数字基础设施，形成了较为完整的产业链布局。作为科技部认定的国内光通信领域"863"计划成果产业化基地和创新型企业，烽火通信科研成果转化率和效益在国内同行业中均处于领先地位。烽火通信拥有强大的研发团队和科研实力，不断推动技术创新和产品升级。例如，2023年烽火通信的研发费用总额为38.56亿元，占营业收入的比重为12.39%。烽火通信不仅在国内市场占据重要地位，还积极拓展海外市场。公司通过与国际知名企业合作，推动光纤光缆等产品的国际化进程。同时，烽火通信还积极布局轨道交通、家庭网络、企业行业客户等新业务领域，形成多元化发展的格局。

（六）新易盛

1. 企业简介

新易盛，全称为"成都新易盛通信技术股份有限公司"，成立于2008年，专注于光通信领域，致力于为全球通信行业客户提供领先的光模块解决方案，主营业务包括光模块的研发、生产和销售。新易盛的产品广泛应用于数据通信、电信传输、固网接入、智能电网、安防监控、数据中心和广电网络等领域。具体来说，新易盛的产品包括高速率光模块、以太网光模块、无源光网络（PON）光模块、同轴光模块等，覆盖了从100Mbps到800Gbps等速率段。

2. 经营情况

2024年第一季度，新易盛实现营业收入11.13亿元，同比增长85.41%。这一数据表明，新易盛在该季度内业务规模迅速扩大，市场需求旺盛。新易盛实现归母净利润3.25亿元，同比增长200.96%。净利润的大幅增长反映了新易盛盈利能力的显著提升。新易盛毛利率为42.00%，同比上升7.96个百分点。这表明，新易盛在成本控制和产品定价方面具有较强的竞争力。同期，新易盛的净利率为29.16%，较2023年同期上升11.19个百分点。净利率的提升进一步证明了公司盈利能力的增强。

3. 竞争力分析

新易盛是全球领先的光模块解决方案与服务提供商，产品广泛应用于AI/ML集群、云数据中心、数据通信、5G无线网络、电信传输、固网接入等领域。新易盛在全球光模块厂商中排名前列，是国内少数批量交付100G、200G、400G高速率光模块、掌握高速率光器件芯片封装和光器件封装的企业。新易盛具备强大的研发实力和技术创新能力，不断推出符合市场需求的新产品。同时，新易盛拥有完善的质量管理体系和售后服务体系，确保产品质量和客户满意度。新易盛与多家国际知名通信企业建立了长期稳定的合作关系。同时，新易盛还注重内部管理和人才培养，提高了企业的整体运营效率和竞争力。

（七）长飞公司

1. 企业简介

长飞公司最初为中外合资企业，前身为"长飞光纤光缆有限公司"。2013 年 12 月，长飞公司改制为外资股份有限公司，并更名为"长飞光纤光缆股份有限公司"。其主要股东包括中国华信邮电经济开发中心、Draka Comteq B V 及武汉长江通信集团股份有限公司。自 1992 年正式投产以来，长飞公司的光纤和光缆产品产销量连续多年位居中国第一位，在全球光纤和光缆生产企业中持续保持前三位。长飞公司于 2014 年 12 月在香港上市，2018 年 7 月在上海上市，成为中国光纤光缆行业唯一一家也是湖北省首家"A+H"两地挂牌上市的企业。

2. 经营情况

2023 年，长飞公司实现营业收入 133.53 亿元，同比下降 3.45%；实现净利润 12.97 亿元，同比增长 11.18%；销售毛利率为 24.50%，同比上升 1.05 个百分点。这些增长主要得益于长飞公司的技术创新、成本控制及市场拓展策略。2024 年第一季度，长飞公司实现营业收入 23.87 亿元，同比下降 25.29%；净利润为 5 792 万元，同比下降 75.97%。这表明，长飞公司在 2024 年第一季度的经营受到了一定的挑战，可能与市场环境、行业竞争等因素有关。

3. 竞争力分析

长飞公司是全球第一大光纤预制棒及光纤供货商和全球第二大光缆供应商。其光纤和光缆产品在全球 70 多个国家和地区提供优质的产品与服务，为全球通信行业及其他行业提供了重要的技术支持和解决方案。通过技术引进、消化、吸收与再创新，长飞公司实现了从行业追随者到行业领军者的完美蜕变，带动行业整体技术进步和产业发展。长飞公司注重研发投入，以技术创新驱动产品升级和业务拓展。2023 年，长飞公司研发费用总额为 7.75 亿元，占营业收入的比重为 5.80%，同比上升 0.13 个百分点。2024 年第一季度，长飞公司研发费用总额为 1.56 亿元，占营业收入的比重为 6.54%，同比上升 0.87 个百分点。这表明，长飞公司在研发方面的投入持续增加，以提升技术实力和竞争力。

（八）紫光股份

1. 企业简介

紫光股份由清华紫光（集团）总公司于 1999 年发起设立，最初以扫描仪业务为主，并迅速成为市场领导者。然而，随着市场竞争加剧和成本监控不力，紫光股份曾一度陷入亏损。之后，紫光股份进行了多次业务重组和战略调整，逐渐形成了以 ICT（信息与通信技术）基础设施及服务和 IT 产品分销与供应链服务为主的两大主营业务。

紫光股份通过并购重组等方式，逐步实现了"芯—云—网—边—端"全产业链布局。其中，对新华三的收购是公司发展历程中的重要里程碑。新华三作为紫光股份的核心子公司，在ICT领域具有核心竞争力，为紫光股份贡献了大部分营业收入和利润。

2. 经营情况

近年来，紫光股份营业收入保持稳健增长。根据最新财报数据，2024年第一季度实现营业收入170.06亿元，同比增长2.89%。这表明，紫光股份在市场竞争中保持了一定的竞争力。在净利润方面，紫光股份的表现相对稳健但略有波动。2024年第一季度实现净利润4.14亿元，由于未直接给出同比数据，因此难以进行直接比较。净利润的增长率受到多种因素的影响，包括市场环境、成本控制、研发投入等。

3. 竞争力分析

紫光股份在ICT领域占有较高的市场地位，特别是在云计算、大数据、人工智能等前沿领域。紫光股份拥有完善的产品研发体系，能够迅速响应市场需求，推出符合客户需求的新产品。紫光股份的产品涵盖了ICT基础设施及服务、IT产品分销与供应链服务等多个领域，满足了不同客户的多样化需求。近年来，紫光股份通过并购重组等方式，实现了"芯—云—网—边—端"全产业链布局。这种全产业链布局使得公司能够高效协同各个环节，提升整体竞争力。同时，紫光股份积极构建开放合作的生态体系，与众多行业伙伴建立了紧密的合作关系。

四、中游重点企业分析

（一）中国电信

1. 企业简介

中国电信是领先的大型全业务综合智能信息服务运营商。中国电信积极拥抱数字化转型机遇，深耕客户需求及应用场景，全面实施"云改数转"战略，以5G和云为核心打造云网融合的新型信息基础设施、运营支撑体系、科技创新硬核实力，深化体制机制改革，以创新、融合构建差异化优势，致力于为个人（To C）、家庭（To H）和政企（To B/G）客户提供灵活多样、融合便捷、品质体验、安全可靠的综合智能信息服务。在政企通信及信息化服务（To B/G）方面，中国电信是国家级新型信息基础设施建设的主力军，是云网融合的全球引领者。中国电信天翼云在全球运营商公有云IaaS中排名第一，收入规模在国内运营商中排名第一，公司是国内最大的IDC服务提供商。凭借雄厚的云网资源和产业数字化领域丰富的技术储备，公司发挥云网融合的独特优势，将"云、网、边、端、安、用"等数字经济要素和AI、物联网等新兴信息技术深度融合，搭建数字化应用平台，以5G和天翼云为核心，不断提升一体化解决方案能力，加快推进行业数字化赋能，满足用户在不同垂直行业应用场景中的定制化需求，服务政务、金融、工业、社会民生等多个领域，成为行业信息化领域的头部服务商。

2. 经营情况

2024 年第一季度，中国电信取得营业收入 1 344.95 亿元，归属于上市公司股东的净利润为 85.97 亿元，分别同比增长 3.7% 和 7.7%。在移动通信服务方面，中国电信加快推进 5G 应用智能化升级，围绕不同场景下用户的数字化需求，持续拓展 5G 手机直连卫星、5G 量子密话等特色应用。2024 年第一季度，中国电信移动通信服务收入 522.26 亿元，同比增长 3.2%。此外，中国电信 2023 年度新建 5G 基站超过 22 万个，在用 5G 基站超过 121 万个。

3. 竞争力分析

中国电信系统打造以 5G、算力网络、能力中台为重点的新型信息基础设施，创新构建"连接+算力+能力"新型信息服务体系，数智底座不断夯实。

产业数字化贡献价值加速提升，充分发挥天翼云市场的优势。加快推动客户"上云用数赋智"，丰富边缘云产品和解决方案，构建算力时代云网底座，赋能传统产业转型升级。中国电信未来继续加强智能化综合性数字信息基础设施建设，推出更加优质高效的综合智能信息产品和服务，产业数字化有望成为带动公司发展的关键业务。

加大研发投入力度，费用管控精准科学。研发费用增长最为迅速，主要是因为公司加强了云网融合、5G 等核心技术研发；销售费用增长主要是因为公司在 5G 发展机遇期投入了必要的营销资源；管理费用增长主要是因为公司股票增值权等费用增加。

（二）中国移动

1. 企业简介

中国移动是全球领先的通信及信息服务企业，致力于为个人、家庭、政企、新兴市场提供全方位的通信及信息服务，是我国信息通信产业发展壮大的科技引领者和创新推动者。20 余年来，中国移动持续推进信息技术突破与应用，推动我国信息通信产业实现了"2G 跟随、3G 突破、4G 同步、5G 引领"的跨越式发展，建成了惠及全球五分之一人口的高速、移动、安全、泛在信息基础设施，一直以来，中国移动持续推进转型升级和创新发展，在语音、数据、宽带、专线、IDC、云计算、物联网等业务的基础上，积极开拓数字经济新蓝海，不断推出超高清视频、视频彩铃、和彩云、移动认证、权益超市等个人数字内容与应用，拓展娱乐、教育、养老、安防等多样化智慧家庭运营服务，引领智慧城市、工业、交通、医疗等产业互联网 DICT 解决方案示范项目落地。进入 5G 时代，中国移动积极筑牢"新基建"根基，夯实千行百业数智化转型的关键基础；加速"新要素"运用，推动信息技术和数据的汇聚应用，为经济增长注入强劲动力；促进"新业态"繁荣，丰富拓展数字生活、生产、治理的信息服务，打造经济社会民生数智化转型升级的创新引擎。

2. 经营情况

2024 年第一季度，中国移动实现营业收入 2 637 亿元，同比增长 5.2%，主营业务收入 2 193 亿元，同比增长 4.5%；归属于母公司股东的净利润 296 亿元，同比增长 5.5%。截至 2024 年 3 月 31 日，中国移动客户总数 9.96 亿户，其中 5G 套餐客户数达 7.99 亿户，5G 网络客户数达到 4.88 亿户。

3. 竞争力分析

近年来，中国移动对产品的重视程度显著提升，为此成立了高规格的产品管理委员会来推进产品工作，形成了战略产品清单，并挂单列表重点推进。从成效看，这两年中国移动产品管理体系化、制度化、精细化水平不断提升，"产品雁阵"已初步成型，价值贡献逐步提升。

在公众市场领域，视频彩铃、家庭安防、移动认证等 7 项产品客户规模业界排名第一，咪咕视频、云游戏、大屏点播等 16 项产品客户规模破亿。

在政企市场领域，中国移动积极推进"网+云+DICT"的规模拓展，并加大了对商客市场的拓展力度。中国移动还推进了政企解决方案标准化、产品化和平台化，并进一步深耕行业数智化服务，推动高质量发展。2024 年第一季度，中国移动的 DICT 业务收入继续保持良好的增长态势。

在人工智能方面，搭建具有运营商特色的"九天"人工智能平台，形成从算法、平台、能力到规模化应用的产业级智能化服务能力，赋能内外部 27 个领域超 830 个应用；发布九天·海算政务大模型和九天·客服大模型，助力产业智能化、融合化。

在市场实力方面，得益于强大的云网融合、算力资源和属地服务优势，移动云成为近年来云计算行业高速发展的一朵"国家云"，在多个细分领域行业领先：中国政务云服务运营市场份额稳居前三、中国专属云服务市场份额稳居前三、中国边缘云解决方案和边缘专属云服务，市场份额双双第一、公有云 IaaS 市场份额跃升前三。

在市场拓展方面，移动云聚焦政务、金融、教育、医疗、工业能源等重点行业，打造超 120 个行业融云解决方案，服务超 200 万政企客户。目前，移动云已累计建设 17 个省级政府和超过 150 个地市级政府的云平台；建设 15 个省级及区域教育云平台，服务 35 万所学校；建设 12 个省级医疗云平台，包括国家远程医疗协同平台。

（三）中国联通

1. 企业简介

中国联通是经国务院批准设立的投资性公司，经营范围为电信业的投资。联通仅限于通过中国联通（BVI）有限公司持有中国联合网络通信（香港）股份有限公司的股权，并保持对联通红筹公司的实际控制权。中国联通通过联通红筹公司的相关控股子公司，拥有覆盖中国、通达世界的现代通信网络，为广大用户提供全方位、高品质的信息通信服务。2021 年，中国联通全面承接新时代赋予的新使命，将"十四五"期间公司发展的定位明确为"数字信息基础设施运营服务国家队、网络强国数字中国智慧社会建设主力军、数字技术融合创新排头兵"。中国联通战略升级为"强基固本、守正创新、融合开放"，更加突出强网络之基、固服务之本，练好"基本功"；更加突出守网络化之正，拓数字化、智能化之新，打好"组合拳"；更加突出要素融合、市场融通，与合作伙伴一起打好"团体赛"。在新定位新战略下，中国联通全面发力数字经济主航道，将"大连接、大计算、大数据、大应用、大安全"作为主责主业，实现发展动力、路径和方式的全方位转型升级，开辟新发展空间、融入新发展格局。

2. 企业经营情况

2024 年第一季度，中国联通取得营业收入 994.96 亿元，同比增长 2.3%，主营业务收入达 890.42 亿元，同比增长 3.4%；归属于上市公司股东的净利润 24.47 亿元，同比增长 8%。2024 年第一季度，中国联通联网通信业务实现收入 623.04 亿元，其中：移动用户规模达 3.37 亿户，5G 套餐用户为 2.69 亿户，5G 套餐渗透率提升至 80%；物联网连接数达到 5.29 亿个，净增 3 460 万个；固网宽带用户达到 1.15 亿户，其中千兆用户净增 211 万户，千兆宽带渗透率提升至 23%。

3. 竞争力分析

中国联通持续提高自研能力，树立了"安全数智云"的品牌形象，形成了"安全可靠、云网一体、数智相融、专属定制、多云协同"的特色优势，在技术创新、产业赋能、生态共建方面持续迭代出新，为数字经济发展输出新动能。

此外，中国联通在大模型领域主要开展了四个方面工作。一是构建中国联通通用"算力+智能算力+超算"的多元混合异构的算力体系。二是构建以通用大模型为基础的大模型，形成自主可控的大模型，并且聚焦重点行业，比如政务行业，以及联通内部的运营。中国联通目前已经构建自己的语言大模型和图文大模型。三是构建有中国联通特色的、多模态的、优质的数据集。四是通过合作，围绕着重点行业推进行业大模型的落地、试点、示范和规模推广。

（四）中国广电

1. 企业简介

中国广播电视网络有限公司（以下简称"中国广电"），是根据党的十七届六中全会"整合有线电视网络，组建国家级广播电视网络公司"精神，经国务院批复，由中央财政出资，于 2014 年 5 月 28 日正式挂牌成立的中央文化企业。按照规划，中国广播电视网络集团有限公司成立后将整合全国有线电视网络为统一的市场主体，并赋予其宽带网络运营等业务资质，成为继中国移动、中国电信、中国联通后的"第四运营商"，同时也是广电系"三网融合"的推进主体。中国广电将首先针对缺乏资金实力的中西部有线网络运营商通过行政手段加以整合，最后再通过市场手段整合那些已经上市的广电网络公司。2019 年 6 月 6 日，工业和信息化部正式向中国电信、中国移动、中国联通、中国广电发放 5G 商用牌照。2019 年 12 月 24 日，工业和信息化部正式向中国电信、中国移动、中国联通、中国广电核发 190、197、196、192 号段公众移动通信网网号。目前,中国广电的 5G 网络已实现国内乡镇以上全覆盖、农村热点区域重点覆盖。在基站方面,中国广电则与中国移动一起建成 700MHz 5G 基站超过 60 万个、共享 4G/5G 基站超 400 万个。

2. 企业经营情况

截至 2024 年第一季度末,全国有线电视实际用户约为 2.05 亿户。这一数字反映了有线电视业务的市场基础仍然庞大,但用户增长和留存面临挑战。5G 用户规模在不断扩大,根据广电网络公告,2024 年第一季度末中国广电 5G 用户为 73.77 万户。不过,中国广电网络 2024 年第一季度实现营业总收入 4.10 亿元,同比下降 33.49%。这反映了整个广电行业在面临新媒体竞争和市场环境变化时的挑战。

3. 竞争力分析

作为国家级广播电视网络公司,中国广电拥有庞大的用户群体和广泛的覆盖范围,这为其在广电行业的发展提供了坚实的政策支持和方向指引。近年来,中国广电在技术创新方面不断投入,特别是在 5G、云计算、大数据等新兴技术的应用上取得了显著进展。这些技术的应用不仅提升了广电网络的性能和用户体验,还为其在数字化、智能化转型中提供了有力支持。例如,中国广电与中国移动在 5G 网络共建共享方面的合作,就是技术创新与融合发展的典型案例。与此同时,中国广电积极推进媒体融合发展战略,通过整合广播电视、宽带网络、移动通信等多种业务形态,构建全媒体传播体系。这种融合发展模式有助于提升中国广电的综合竞争力和市场影响力。

尽管面临来自中国移动、中国电信、中国联通等传统电信运营商以及新媒体和内容提供商的激烈竞争。然而,凭借其政策优势、资源优势和技术创新能力,中国广电在市场中仍占据一定地位。特别是在政企市场领域,中国广电凭借其独特的网络资源和定制化服务方案,不断拓展市场份额。相关数据显示,2024 年上半年中国广电在政企市场的收入份额约为 8%,显示出其较强的市场竞争力。随着数字化、信息化、移动化等技术的不断发展,广电行业正面临着巨大的变革和机遇。中国广电作为行业内的领军企业之一,具有广阔的发展前景和市场潜力,尤其在智慧广电、超高清视频、物联网等新兴业务领域,中国广电有望通过技术创新和融合发展实现新的增长点。

五、下游重点企业分析 ├────────────────────

(一)华为技术有限公司

1. 企业简介

华为技术有限公司(以下简称"华为"),1987 年由任正非创立,总部位于广东省深圳市龙岗区。华为是全球领先的信息与通信技术(ICT)解决方案供应商,专注于 ICT 领域,坚持稳健经营、持续创新、开放合作,在电信运营商、企业、终端和云计算等领域构筑了端到端的解决方案优势，为运营商客户、企业客户和消费者提供有竞争力的 ICT 解决方案、产品和服务，并致力于实现未来信息社会，构建更美好的全连接世界。2011 年年初，华为终端开启从 To B 运营商市场向 To C 大众消费者转型。2018 年，华为智能手机发货 2.06 亿台，在全球智能手机市场稳居全球前三；同年 2 月 23 日，沃达丰和华为完成首次 5G 通话测试。2019 年 8 月 9 日，华为正式发布鸿蒙系统；8 月 22 日，2019 年中国民营企业 500 强发布，华为以 7 212 亿元营业收入排名第一；12 月 15 日，华为获得了首批 "2019 中国品牌强国盛典" 年度荣耀品牌的殊荣。2020 年 11 月 17 日，华为整体出售荣耀业务资产，对于交割后的荣耀，华为不再占有任何股份，也不再参与经营管理与决策。2022 年上半年，华为实现销售收入 3 016 亿元。2023 全球移动宽带论坛（Global MBB Forum 2023）期间，华为发布了全球首个全系列 5.5G 产品解决方案。2022 年 8 月 3 日，《财富》公布世界 500 强榜单（企业名单），华为排名第 96 位。

2. 企业经营情况

华为 2024 年第一季度经营数据表现出色，各项业务均呈现向好态势。华为 2024 年第一季度营业收入约 1 784.5 亿元，同比增长 36.66%。这一数字表明华为在全球市场的强劲竞争力和良好的市场恢复能力。归母净利润约 196.5 亿元，同比增长约 564%，净利润率达 11%。这一跨越式的增长不仅展现了华为在全球市场的盈利能力，也反映了其在持续创新和战略调整上的成功。其中，华为终端业务是推动华为营业收入及净利润同比大涨的主要动力。Mate 60 系列手机和 nova 12 系列等新品在市场上表现抢眼，推动了智能手机业务的显著增长。在中国智能手机市场，华为以 17.0% 的市场份额排名第二，出货量同比暴涨 110%。此外，华为对研究和创新的重视继续体现在财报中。2024 年第一季度，华为的研发费用达到了 415.87 亿元，比 2023 年第一季度增长 13.8%。此前披露数据显示，华为 2023 年研发投入达到 1 647 亿元，占全年收入的 23.4%，十年累计投入的研发费用超过 11 100 亿元。

3. 竞争力分析

作为全球领先的 5G 技术供应商之一，华为拥有庞大的研发团队和先进的研发设施，致力于推动 5G 技术的演进和商用化进程。通过不断的技术创新和产品迭代，华为在 5G 领域保持了领先地位，并在 5G 网络架构、无线传输、核心网等领域取得了重要突破。华为自主研发的 5G 基站、5G 芯片等产品在全球市场上具有竞争力，为运营商提供了高性能、低成本的 5G 解决方案。

华为在 5G 领域的业务布局非常广泛，涵盖了电信设备、终端产品、云计算等多个领域。在电信设备方面，华为提供了包括 5G 基站、核心网在内的全套 5G 解决方案；在终端产品方面，华为推出了多款支持 5G 网络的手机、平板等设备；在云计算方面，华为通过华为云为行业客户提供 5G+云计算的解决方案。此外，华为还在积极推动 5G 技术在智能制造、智慧城市、自动驾驶等领域的应用和发展。根据市场研究公司的数据，华为在全球范围内的 5G 基站出货量、市场份额等方面均名列前茅。华为已经与全球多个国家和地区的运营商建立了合作关系，共同推动 5G 网络的建设和发展。此外，华为还在积极拓展 5G To B 市场，为行业客户提供定制化的 5G 解决方案。

尽管华为在 5G 领域取得了显著的成绩，但仍面临一些挑战。一是全球范围内的政治和经济环境不确定性增加，可能会对华为的海外市场拓展产生影响。二是一些国家和地区对华为的 5G 设备存在安全疑虑，这可能会对华为的市场份额产生负面影响。此外，随着 5G 技术的不断演进和商用化进程的加速推进，华为需要不断加大研发投入力度和技术创新力度以保持竞争优势。

（二）中兴通讯股份有限公司

1. 企业简介

中兴通讯股份有限公司（以下简称"中兴通讯"）成立于 1985 年，是一家综合通信解决方案提供商，为全球电信运营商、政企客户及个人消费者提供创新的技术与产品解决方案。在香港和深圳两地上市，业务覆盖 160 多个国家和地区，服务全球 1/4 以上人口。中兴通讯拥有通信业界完整的、端到端的产品线和融合解决方案，通过全系列的无线、有线、业务、终端产品和专业通信服务，灵活满足全球不同运营商和政企客户的差异化及快速创新的需求。截至 2023 年年底，中兴通讯拥有 8.65 万余件全球专利申请，历年全球累积授权专利约 4.4 万件。2021 年，投资管理公司仲量联行发布《中国通信行业及知识产权市场报告》显示，中兴通讯的专利技术价值已超过 450 亿元。2022 年，中兴通讯进入战略超越期，中兴通讯在作为第一曲线的 CT 业务稳步固本同时，积极打造公司增长第二曲线，包括 IT（包括服务器及存储等 IT 基础设施以及 5G 行业，汽车电子等数字化转型业务），数字能源（包括电源、IDC 数据中心、新能源等），终端（包括手机、移动互联、智慧家庭等）等领域。中兴通讯成立了矿山、冶金钢铁、东数西算、汽车电子等行业特战队，加快 5G 垂直应用深度拓展。

2. 企业经营情况

2024 年第一季度中兴通讯实现营业收入 305.78 亿元，同比增长 4.9%。这一数据表明，中兴通讯在市场竞争中保持了稳定的增长势头，展现了其强大的市场竞争力和良好的经营能力。归母净利润达到 27.4 亿元，同比增长 3.7%。非归母净利润 26.5 亿元，同比增长 7.9%。这些数据进一步证明了中兴通讯在盈利能力方面的稳健表现。2024 年第一季度面向不同市场推出了多款创新产品，如面向个人的 AI 智能手机、全球首款"5G+AI"裸眼 3D 平板等；面向家庭的全场景、全光连接产品；面向行业的双卫星双系统 5G 安全旗舰手机、AI 5G FWA 产品等。

3. 竞争力分析

作为全球 5G 标准的主要参与者和制定者，中兴通讯拥有大量的 5G 专利，位居全球第一梯队。中兴通讯运营 5G 网络高带宽、低时延、高可靠性等特性，针对不同行业的差异化特点，开发了系列化、全场景、精准匹配客户需求的端到端5G专网解决方案。这些解决方案能够满足不同行业对5G网络的特定需求，推动行业数字化转型和智能化升级。中兴通讯还推出了多款创新产品，如5G-A技术、高精度3D激光雷达等，这些产品进一步提升了中兴通讯在5G领域的竞争力。例如，中兴通讯的5G专网核心网2.0方案在数据＆语音双擎专网、极致可靠性保障、工业通信底座等方面取得了突出的创新成果。中兴通讯在5G基站芯片方面也有显著成就，大量出货的5G基站搭载了中兴自研的7nm 5G基站芯片，这进一步提升了中兴通讯在5G设备市场的竞争力。

在市场份额方面，中兴通讯在全球5G电信设备市场中占据重要地位，与华为共同占据了半壁江山。根据市场调研机构的数据，中兴通讯在全球5G电信设备市场份额中排名靠前，显示出其强大的市场影响力和竞争力。在国内市场，中兴通讯同样表现出色，积极参与国内5G建设和应用探索，积累了丰富的经验。目前，中兴通讯已与全球110多个运营商开展5G深度合作，覆盖中国、欧洲、亚太、中东等主要5G市场。这种广泛的合作网络为中兴通讯在全球范围内的5G推广和应用提供了有力支持，满足了不同地区的5G网络建设需求。

然而，中兴通讯也面临供应链依赖、国际政治和贸易风险，以及市场竞争加剧等挑战。比如，在通信设备和技术市场，面临来自华为、爱立信、诺基亚等竞争对手的激烈竞争，中兴通讯需要不断提升自身竞争力，以应对市场挑战。与此同时，中兴通讯核心组件依赖国际供应商，如美国的Qualcomm等。这可能导致在面对国际贸易摩擦和供应链风险时受到一定影响。此外，国际政治和贸易紧张局势也可能对中兴通讯的国际业务产生负面影响。

（三）阿里健康

1. 企业简介

阿里健康信息技术有限公司成立于2015年5月11日，但其前身可以追溯到2014年阿里巴巴集团对中信集团旗下中信二十一世纪有限公司的战略投资，并于2014年10月21日正式改名为"阿里健康"。阿里健康开展的业务主要集中在医药电商及新零售、互联网医疗、消费医疗、智慧医疗等领域。

2. 经营情况

2024财年（截至2024年3月31日），阿里健康实现营业收入270.3亿元，同比略有增长。年度净利润达到8.8亿元（或8.83亿元），同比增长64.6%，显示出公司在成本控制和盈利能力方面的显著提升。阿里健康的收入主要由医药自营、医药电商平台、医疗健康数字化服务三个部分组成。在2024财年，这三项业务分别实现了不同程度的增长，其中医药自营业务作为核心业务，继续保持稳定增长。

3. 竞争力分析

当前，天猫健康平台年度活跃用户达到3亿，显示出阿里健康在用户获取和留存方面的强大能力，服务商家超过 3.5 万个，同比增长 28%，表明平台对商家的吸引力不断增强。阿里健康大药房会员数增长至 7 700 万，用户黏性和信任度持续提升。这为阿里健康提供了稳定的收入来源和持续增长的动力。阿里健康在医疗健康数字化服务方面持续发力，签约的执业医师、执业药师、营养师合计超过 22 万人，较上一财年有所增加。这为阿里健康提供了丰富的医疗资源和服务能力，进一步提升了用户满意度和忠诚度。尽管阿里健康在医药电商领域面临来自京东健康、平安好医生等竞争对手的激烈竞争。然而，阿里健康凭借其强大的品牌影响力、丰富的医疗资源和服务能力，在市场中保持领先地位。而且，近年来，阿里健康积极拓展国内外市场，通过合作与并购等方式不断拓展业务范围和服务领域。同时，阿里健康还加大了对新技术、新模式的研发投入力度，推动业务创新和转型升级。

（四）大疆创新

1. 企业简介

大疆创新成立于 2006 年，总部位于中国深圳市，其专注于无人机、手持影像系统、机器人教育等领域，致力于成为持续推动人类进步的科技公司。大疆创新推出了多款无人机产品，包括面向消费级市场的 Mavic 系列、Phantom 系列等，以及面向专业级和行业级市场的 Inspire 系列、Matrice 系列等。这些产品以卓越的性能、稳定性和易用性著称，广泛应用于航拍、影视制作、农业、测绘、救援等多个领域。大疆创新还推出了多款手持影像系统产品，如 Osmo 系列等，这些产品将无人机的高性能与手持拍摄的便捷性相结合，为用户提供了全新的拍摄体验。

2. 经营情况

大疆创新是一家大型企业，共对外投资了 15 家企业，控制了 24 家企业，拥有分支机构 5 家，显示出其强大的企业实力和扩张能力。大疆创新在无人机领域的领先地位使得其营业收入规模持续增长。根据公开信息，大疆创新在 2022 年的营业收入达到了301.40 亿元，这一数字表明了大疆在无人机市场的强劲表现。

3. 竞争力分析

大疆创新的产品线覆盖广泛，包括消费级无人机、专业级无人机、手持影像系统等多个领域。大疆创新不断推出新产品，满足用户多样化的需求。大疆创新在知识产权方面表现出色，拥有大量的商标信息、专利信息和软件著作权信息。这些知识产权的积累为大疆创新的技术创新和产品研发提供了有力支持。大疆创新在无人机市场中占据重要地位。特别是在植保无人机领域，大疆创新与极飞科技是我国植保无人机行业的两大巨头，占据了市场的主导地位。大疆创新已经成为无人机行业的知名品牌之一，其产品和服务在全球范围内得到广泛应用和认可，并在多个国家和地区设立了分支机构和服务中心。

（五）浩云科技

1. 企业简介

浩云科技股份有限公司（以下简称"浩云科技"）的主营业务是提供以低代码平台为核心，智慧物联网数据平台和智能感知终端为配套，大数据运营为服务的多位一体的行业综合解决方案。浩云科技的主要产品是低代码开发平台以及低代码智慧物联网数据平台，UWB 技术和系列产品，大数据、人工智能技术和产品。浩云科技所取得的等级证书已充分满足公司目前业务领域对业内企业的资质要求，成为业内资质较齐全的企业之一。

2. 经营情况

2023 年，受客户需求放缓、预算压缩，以及相关项目类业务风险识别期变长等因素的影响，浩云科技的业务拓展不及预期。其原因在于，市场竞争日益激烈，监控设备等器材及人工成本上涨，导致公司营业成本增加。同时，浩云科技积极开拓业务，导致本期差旅费、业务招待费较 2022 年同期增加，进一步压缩了利润空间。同时，出于谨慎性原则，浩云科技对应收款项和商誉等进行了减值准备计提，这也对公司的利润产生了一定影响。2023 年，浩云科技实现营业收入 8 209.47 万元，较 2022 年同期下降了 17.90%。尽管营业收入有所下滑，但浩云科技的净利润却实现了同比大幅增长，归属于上市公司股东的净利润达到 312.63 万元，同比增长 24.43%。此外，扣除非经常性损益后的净利润也达到 268.21 万元，同比大幅增长 142.82%。

3. 竞争力分析

浩云科技的业务范围广泛，涵盖智慧金融、智慧司法、智慧安防、智慧政务等领域，通过提供定制化的解决方案和服务，满足不同行业客户的需求。浩云科技注重技术创新和研发投入，致力于在低代码/无代码开发平台、大数据、云计算、物联网等前沿技术领域取得突破。这些技术的应用不仅提升了公司的产品和服务质量，也为客户带来了更加便捷、高效的解决方案。浩云科技在智慧物联解决方案领域拥有较高的市场地位和影响力，与众多行业客户建立了长期稳定的合作关系。浩云科技的产品和服务在市场上得到了广泛的认可和应用。

（六）浪潮云洲

1. 企业简介

浪潮云洲工业互联网有限公司（以下简称"浪潮云洲"）定位于工业互联网基础设施建设商、具有国际影响力的工业互联网平台运营商、生产性互联网头部企业。基于跨行业跨领域工业互联网平台，浪潮云洲探索出工业互联网赋能数字化转型的"工"字模式：以数据为生产要素，构建工业数字基础设施；依托物联网、数字孪生等技术，点对点突破生产智能化专业模型；通过订单拉动、数据聚集和使用，赋能产业链供应链协同，强化"双链"韧性与安全，实现社会资源灵活配置。浪潮云洲致力于推动制造业高端化、智能化、绿色化发展，通过工业互联网平台赋能传统产业转型升级。浪潮云洲还计划加大在关键技术和市场拓展方面的投入力度，进一步提升市场竞争力和影响力。

2. 经营情况

根据最新数据（2022 年），浪潮云洲的营业收入为 25.85 亿元。同年，公司的利润总额为−5 002.78 万元，总资产为 19.17 亿元。需要注意的是，这些数据可能受到市场环境、公司战略调整等因素的影响。

3. 竞争力分析

浪潮云洲提供工业互联网平台服务，涵盖化工、制药、电子信息、装备制造、食品、采矿等行业，汇集多个领域的工业 App，为用户提供全面的数字化转型解决方案。浪潮云洲拥有多项知识产权，包括 26 个注册商标、317 个专利信息、44 个软件著作权，显示出较强的技术实力和创新能力。浪潮云洲连续四年入选国家级"双跨"工业互联网平台，并在 2023 年工业和信息化部组织的"双跨"平台动态评价中位居全国第四。同时，浪潮云洲也是中国工业互联网平台市场地位与发展能力双料第一的企业。浪潮云洲计划到 2025 年在多个领域实现突破，包括打造晨星工厂、智能制造标杆企业、培育应用场景、实施企业数字化转型等。同时，浪潮云洲还将加强与合作伙伴的合作，共同推动工业互联网的发展。

（七）广和通

1. 企业简介

广和通是一家全球领先的物联网无线通信解决方案和无线通信模组供应商，也是国内首家 A 股上市的无线模组企业。自 1999 年成立以来，一直致力于技术领先发展之路，特别是在通信、射频、数据传输、信号处理技术方面形成了较强的研发实力和技术优势。广和通构建了自己的产业链生态，融合芯片、模块、终端、服务，提供智能物联网的全栈解决方案。广和通致力于将可靠、便捷、安全、智能的无线通信方案普及至每一个互联网场景，为用户带来完美无线体验、丰富智慧生活。

2. 经营情况

2024 年第一季度，广和通实现营业收入 21.23 亿元，同比增长 17.11%；归属上市公司股东的净利润 1.88 亿元，同比上升 33.78%；归属上市公司股东的扣除非经常性损益的净利润 1.74 亿元，同比上升 27.35%。2023 年营业总收入 77.16 亿元，同比上升 36.65%；归母净利润 5.64 亿元，同比上升 54.47%。2022 年实现营收 56.46 亿元，同比增长 37.41%；净利润 3.64 亿元，同比下降 9.19%；扣非净利润 3.16 亿元，同比下降 15.27%。

3. 竞争力分析

从技术实力与创新能力看，广和通在无线通信模块领域拥有丰富的研发经验和领先的技术水平，具备市场核心技术竞争力。广和通拥有多项专利和技术成果，能够紧跟行业技术发展趋势，不断推出新产品和新技术。从产品和服务体系看，广和通的产品包括 2G、3G、4G、5G、NB-IOT 的无线通信模块以及基于其行业应用的通信解决方案，能够根据客户需求提供定制化服务，这种灵活性使得广和通在市场中更具竞争力。从市场份额与品牌影响力看，在全球 IoT 蜂窝无线通信芯片市场中，广和通以 7.9% 的市场份额位居第二。而且广和通的产品在市场上享有良好的声誉，与全球各大运营商建立了长期合作关系，并为各行各业提供定制化的通信解决方案。

（八）星网锐捷

1. 企业简介

福建星网锐捷通讯股份有限公司（以下简称"星网锐捷"），秉承"融合创新科技，构建智慧未来"的经营理念，是国内领先的 ICT 基础设施及 AI 应用方案提供商。星网锐捷在智慧网络、智慧云、智慧通讯、智慧娱乐、智慧生活、智慧餐饮、智慧物联等应用领域为客户提供应用解决方案，产品和服务广泛应用于政府、运营商、金融、教育、医疗、能源、交通、房地产、商业、制造业等行业。星网锐捷现有员工超万人，其中研发技术人员占公司总人数的 49% 左右。

2. 经营情况

2024 年第一季度，星网锐捷实现营业收入 31.39 亿元，同比下降 6.37%；归母净利润为 1 155 万元，同比下降 85.72%。尽管净利润出现了下滑，但整体来看，星网锐捷的营业收入规模仍然较大，并且具有较强的盈利能力，这为星网锐捷的发展提供了坚实的财务基础。公司研发费用总额为 5.29 亿元，研发费用占营业收入的比重为 16.86%，同比上升 0.79 个百分点。这表明，星网锐捷在研发方面的投入持续增加，以支持其技术创新和产品升级。

3. 竞争力分析

星网锐捷在 ICT（信息与通信技术）领域拥有深厚的技术积累，其产品和解决方案在多个领域处于行业领先地位。例如，云桌面数量排名中国第一，瘦客户机（胖客户机）排名中国和亚洲第一，电子支付设备排名全球第三。星网锐捷的产品线丰富，涵盖智慧网络、智慧云、智慧通讯、智慧娱乐、智慧生活、智慧餐饮、智慧物联等领域。这种多样化的产品布局有助于星网锐捷满足不同客户的需求，提升市场竞争力。特别是在物联网和车联网领域也有较深的布局，车联网已经应用较成熟，物联网芯片也在紧锣密鼓地研发中。星网锐捷在多个细分市场占据领先地位，如网络通信、云计算终端、支付终端等。其市场份额的稳步增长带来了稳定的收入来源和竞争优势。星网锐捷的产品和解决方案已成功进军欧洲、美洲、非洲、大洋洲等近百个国家和地区，显示出较强的全球化运营能力。

参考文献

[1] 中国信息通信研究院. 中国5G发展和经济社会影响白皮书（2023年）[R/OL]. (2023-12-28) [2024-01-14]. https://page.om.qq.com/page/OLOz9lCKVLwNQufvSNOM_sqQ0.

[2] 刘明, 程方. 5G与Wi-Fi融合组网需求分析及关键技术研究 [J]. 电信科学, 2014, 30 (8): 99-105.

[3] 谢昕莹, 王小林. 中国5G战略性新兴产业政策演进及内容评价 [J]. 科学管理研究, 2024, 42 (3): 45-52.

[4] 傅耀威, 徐泓, 杨国威, 等. 5G移动通信技术发展现状与趋势 [J]. 中国基础科学, 2018, 20 (2): 18-21.

[5] 丁宇杰. 5G无线网络的部署与应用分析 [J]. 电子技术, 2024, 53 (6): 32-33.

[6] 程琳琳, 王志勤. 稳扎稳打, 合理引导5G商用 [J]. 通信世界, 2019 (16): 20.

[7] 李玉省. 5G将为金融行业注入新的生机 [N]. 中国城乡金融报, 2019-07-18.

[8] 郭晓蓓, 蒋亮. 5G与金融的融合路径与应用场景研究 [J]. 西南金融, 2020 (1): 12-22.

[9] 蒋亮, 张德茂, 郭晓蓓. 何去何从: 数字化时代的商业银行转型 [M]. 北京: 中国金融出版社, 2021.

[10] 郭晓蓓. 5G产业发展概况及投资建议 [J]. 中国国情国力, 2020 (4): 9-11.

[11] 刘洪钟. 霸权护持与超越: 高科技产业全球价值链竞争的政治经济学 [J]. 世界经济与政治, 2023 (2): 128-154.

[12] 杨娜, 程弘毅. 安全透镜: 科技在安全议题中的过程与机制 [J]. 国际安全研究, 2023 (1): 75-98.

[13] 郭晓蓓. 风口已至 5G 投资正当时 [N]. 中国证券报, 2019-12-09 (A03).

[14] 郭晓蓓. 政策助推 5G 商业进程加快, 未来 5 年有望拉动 GDP 超万亿元 [N]. 证券日报, 2019-06-15 (A03).

[15] 贺俊. 新兴技术产业赶超中的政府作用: 产业政策研究的新视角 [J]. 中国社会科学, 2022 (11): 105-124.

[16] 许艺苹, 庄灵习. 第五代移动通信技术 (5G) 产业政策的国际比较研究: 基于二分类 Logistic 回归分析的视角 [J]. 科学管理研究, 2021 (5): 87-94.

[17] 汤宇. 5G 网络在物联网行业的应用探析 [J]. 信息与电脑 (理论版), 2021 (20): 190-192.

[18] 许恒昌, 马聪, 王小月. 车联网产业发展及电信运营商机遇分析 [J]. 信息通信技术与政策, 2019 (12): 26-30.

[19] 宁志远, 卢真. 运营商发展 "5G+生态" 策略研究 [J]. 计算机产品与流通, 2020 (3): 131.

[20] 张科举. 企业层面数据要素价值利用研究: 以阿里巴巴与华为为例 [J]. 企业管理, 2023 (9): 116-119.

[21] 厉凤华. 华为公司商业模式分析 [J]. 合作经济与科技, 2022 (3): 138-139.

[22] 王雪梅, 汪卫国. 全球 5G 市场最新进展及未来展望 [J]. 通信世界, 2023 (8): 24-26.

[23] 黄劲安, 蒋绍杰, 林东云. 5G+工业互联网发展探讨 [J]. 广东通信技术, 2021 (5): 19-24.

[24] 肖俊芳, 李俊, 郭娴. 我国工业互联网发展浅析 [J]. 保密科学技术, 2014 (4): 13-16.

[25] 陈朝阳. 智慧城市的 5G 技术创新应用分析 [J]. 电子技术, 2021 (3): 96-97.

[26] 邹玉泽. 浪潮 7 个项目入选山东省大数据创新应用成果 [J]. 计算机与网络, 2022 (1): 75.

[27] OMDIA. 全球企业网络服务预测分析: 2023 年下半年 [J]. 电信工程技术与标准化, 2024 (4): 21-25.

[28] OMDIA. 2022 年 5G 在西欧的发展情况 [J]. 电信工程技术与标准化, 2023 (2): 31-34

[29] 孟月. 5G to C 亟需打造 "杀手级" 应用 [J]. 通信世界, 2022 (6): 9.

[30] 程梦瑶. AI "杀手级" 应用, 离我们有多远? [J]. 软件和集成电路, 2024 (4): 42-47.

[31] 李爽, 郭忠志, 肖羽, 等. 5G 网络针对工业互联网需求的边缘云解决方案 [J]. 邮电设计技术, 2022 (2): 81-87.

[32] 应芳芳, 李舸争, 杨璧竹. 关于 5G 与工业互联网融合应用发展成效的研究

［J］. 广东通信技术, 2022 (2): 39-43.

［33］刘佳乐. 5G+工业互联网综述［J］. 物联网技术, 2021 (12): 53-58.

［34］熊玮. 跨行业资源共享实现5G网络低成本快速部署［J］. 中国管理信息化, 2021 (13): 139-141.

［35］严默函. 5G技术在智慧城市部署中的应用分析［J］. 智能城市, 2021 (14): 34-35.

［36］倪国祥. 智慧城市中5G移动通信技术应用研究［J］. 新型工业化, 2021 (7): 25-26.

［37］肖钢. 加快数字金融与工业互联网融合发展［J］. 中国银行业, 2023 (3): 48-51.

［38］李进华. 电子信息产业园智慧园区信息通信基础设施专项规划解决方案［J］. 广东通信技术, 2023 (11): 49-54.

［39］王夏芬. 5G网络下通信基础设施建设需求与规划研究［J］. 中国宽带, 2023 (6): 141-143.

［40］曾剑秋, 吕可可. 5G赋能未来智慧社会［J］. 张江科技评论, 2020 (1): 27-29.

［41］工业和信息化部批复铁路新一代移动通信系统 (5G-R) 试验频率［J］. 铁道技术监督, 2023 (11): 98.

［42］黄腾, 罗娅. 我国5G如何抢抓创新机遇?［J］. 中国电信业, 2021 (2): 50-52.

［43］梁张华. 美韩5G建设经验对我国5G "新基建" 的借鉴意义［J］. 通信世界, 2020 (9): 24-25.

［44］郑维强, 余亚莉. 日本移动通信系统的现状和发展动向［J］. 中国无线电管理, 2002 (3): 20-23.

［45］肖显芬. 5G移动通信的发展趋势以及技术研究［J］. 中外企业家, 2016 (23): 124.

［46］王鑫. 中国铁塔5G宏基站解决方案［J］. 信息通信, 2020 (10): 235-237.

［47］张晓江. 面向5G的中国铁塔配套改造分析［J］. 电信技术, 2019 (2): 72-74.

［48］郎建利. 数字经济赋能乡村产业振兴［J］. 中国外资, 2023 (4): 67-69.

［49］王纪军. 数字经济赋能实体经济的趋势与对策研究［J］. 中国科技投资, 2021 (18): 9-17.

［50］夏杰长, 王鹏飞. 数字经济赋能公共服务高质量发展的作用机制与重点方向［J］. 江西社会科学, 2021 (10): 38-47.

［51］杨光. 2022年将成为6G从学术研究走向产业愿景的关键之年［J］. 通信世界, 2022 (3): 31-33.

参考文献

[52] 陈奕彤，宋微，李彩霞. 韩国 6G 研发促进战略研究 [J]. 全球科技经济瞭望，2021（8）：20-26.

[53] 童文，朱佩英. 6G 无线通信新征程 [M]. 北京：机械工业出版社，2021.

[54] 钞小静，薛志欣. 新型信息基础设施对中国企业升级的影响 [J]. 当代财经，2022（1）：16-28.

[55] 马文君，蔡跃洲. 新一代信息技术能否成为动力变革的重要支撑：基于新兴产业分类与企业数据挖掘的实证分析 [J]. 改革，2020（2）：40-56.

[56] 范子英，王倩. 转移支付的公共池效应、补贴与僵尸企业 [J]. 世界经济，2019（7）：120-144.

[57] 李晓玲. 5G 商用加速落地，深圳港口业有望迎巨变 [N]. 经济参考报，2019-07-04.

[58] 张益群. 5G 开启万物智慧互联新时代 [J]. 高科技与产业化，2017（10）：42-45.

[59] 那文. 全球 5G 必要专利数量超过 6.49 万件 [N]. 人民邮电，2022-04-26（8）.

[60] 潘峰，刘嘉薇. 对 5G 应用规模化发展趋势及策略的探讨 [J]. 通信世界：2022（2）：12-15.

[61] 周钰哲，孙美玉，腾学强. 我国 5G 区域发展指数研究 [N]. 中国计算机报，2020-10-19.

[62] 阎传文，孙凤军，汪超凡. 浅谈 Cat6A 布线系统在下一代网络通信中的应用 [J]. 智能建筑：2020（11）：78-80.

[63] 陈文求，张雪平，李桢林，等. 5G 通讯用高频/高速基板材料的研究进展及华烁的发展规划 [C]. 第二十届中国覆铜板技术研讨会论文集，2019.

[64] 杨鹏岳. 5G+视频：激发超高清与虚拟现实产业潜能 [N]. 中国电子报，2021-09-24（7）.

[65] 宋向东. 美国 5G 网络现状及发展动向 [J]. 通信世界，2021（17）：30-32.

[66] 刘畅. 东南亚国家发展 5G 技术的现状与前景 [J]. 南亚东南亚研究，2021（3）：61-77.

[67] 程琳琳. 十年突破 中国 5G 标准之路 [J]. 通信世界，2022（16）：13-14.

[68] 党博文. 如何破局 5G 高耗能 [N]. 通信产业报，2021-07-05.

[69] 段伟伦，韩晓露. 全球数字经济战略博弈下的 5G 供应链安全研究 [J]. 信息安全研究，2020（1）：46-51.

[70] 王晓涛. 普华永道：2030 年 5G 将为中国 GDP 增长贡献 2200 亿美元 [N]. 中国经济导报，2021-07-06（6）.

[71] 党博文. 5G 毫米波划定意味着什么？[N]. 通信产业报，2019-12-02.

［72］李飞，李政葳. 5G→5.5G→6G：那些被改变的和即将被改变的［W］. 光明网，2024-06-21.

［73］单彤. 5G经济影响有多大［N］. 通信产业报，2017-06-19.

［74］付玉辉. 我国5G产业发展特征及未来趋势［J］. 中国传媒科技，2019（2）：25-29.

［75］黄勇. 5G助力工业互联网加快企业数字化转型［J］. 广西通信技术，2020（3）：24-27.

［76］胡坚波.《"十四五"信息通信行业发展规划》解读［J］. 通信世界，2021（23）：11-13.

［77］杨书芳. "十四五"时期信息通信业五大趋势［J］. 通信企业管理，2021（4）：30-33.